PE. LUIZ CECHINATO

CONHEÇA MELHOR A BÍBLIA

NOÇÕES GERAIS DA BÍBLIA EM LINGUAGEM POPULAR

20ª Edição

EDITORA
VOZES

Petrópolis
1999

Aprovo e recomendo o livro
"CONHEÇA MELHOR A BÍBLIA"
do Padre Luiz Cechinato
São Carlos, 28 de junho de 1984

Dom Constantino Amstalden
Bispo de São Carlos

FICHA TÉCNICA DA VOZES

DIRETOR EDITORIAL
Avelino Grassi

EDITOR
Vitório Mazzuco, OFM

DIRETOR INDUSTRIAL
José Luiz Castro

EDITOR DE ARTE
Omar Santos

EDITORAÇÃO
Supervisão gráfica: Valderes e Monique Rodrigues

ISBN 85.326.0092-1

Este livro foi composto e impresso pela Editora Vozes Ltda.
Rua Frei Luís, 100. Petrópolis, RJ – Brasil – CEP 25689-900 – Tel.: (024) 237-5112
Fax: (024) 231-4676 – Caixa Postal 90023.

"Desde a tua infância
conheces as Escrituras.
Elas têm o poder
de comunicar-te a sabedoria.
que conduz à Salvação
pela fé em Jesus Cristo.
Toda Escritura é inspirada por Deus
e útil para instruir,
para refutar,
para corrigir,
para educar na justiça,
a fim de que
o homem de Deus seja perfeito
e preparado para toda boa obra"
(2 Tm 3, 15-17)

À Rosa mais bela do mundo:
à Rosa que é minha mãe
e que me ensinou a Palavra de Deus.

Amigos que me auxiliaram neste livro:

Cônego José Antonio A. Tosi Marques
e Cônego Bruno Gamberini — Revisão da Doutrina
Professora Edna Pellegrini — Revisão literária
José Carlos Manfré — Alguns desenhos

SUMÁRIO

QUANDO E EM QUE LÍNGUA FOI ESCRITA A BÍBLIA?

Hoje qualquer pessoa pode ir a uma livraria e comprar o Livro mais famoso do mundo: a Bíblia Sagrada. Ela já foi traduzida para todas as línguas. Dizem que atualmente está impressa em 1685 idiomas. Portanto, encontra-se em todos os países do nosso planeta.

Aparentemente é um livro como os outros. Mas, na verdade, é diferente de todos os outros. A começar pelo tempo em que foi escrita. Enquanto um livro qualquer pode ser redigido em dois ou três meses, a Bíblia foi escrita dentro de um período de mais de mil anos. Não é que tenha sido difícil de escrevê-la. Nem é por causa de seu tamanho. É porque foi escrita por partes. Às vezes, entre um Livro e outro, houve um espaço de cem anos.

Para termos uma idéia, basta lembrar quando começou a ser escrita a Bíblia. Antigamente, muitos diziam que a redação da Escritura Sagrada tinha sido iniciada no tempo de Moisés, que viveu aí pelo ano 1.250 antes de Cristo, quando o faraó Ramsés II governava o Egito. Hoje, porém, a maioria dos estudiosos afirma que a Bíblia começou a ser escrita em torno do ano mil antes de Cristo, no tempo dos Reis de Israel (Saul, Davi, Salomão...). E o último Livro da Bíblia foi escrito em torno do ano cem depois de Cristo. Portanto, do primeiro ao último Livro da Bíblia, ocorre um período de, aproximadamente, 1.100 anos.

As cópias mais antigas da Bíblia estão guardadas na Biblioteca do Vaticano e no Museu Britânico.

A Bíblia divide-se em duas grandes partes: Antigo Testamento e Novo Testamento. O Antigo Testamento é formado pelos Livros escritos antes de Cristo. O Novo Testamento conta a vinda de Jesus e a formação da Igreja.

Todo o Antigo Testamento foi escrito em hebraico ou aramaico, menos o Livro da Sabedoria, o Segundo de Macabeus e trechos dos Livros de Daniel e de Ester, que foram escritos em grego. E todo o Novo Testamento foi escrito em grego, menos o Evangelho de São Mateus, que foi escrito em aramaico. A língua grega usada na Bíblia era o grego popular, chamado "koiné". Ficou muito famosa uma tradução do Antigo Testamento, feita do hebraico para o grego, duzentos anos antes de Cristo, por 70 sábios de Alexandria, no Egito. Ficou conhecida por "Tradução dos Setenta".

O hebraico era a língua do povo hebreu ou Povo de Deus. Segundo uma tradição, "hebreu" vem de "Heber" ou de "Hebrim", que era o nome de um dos descendentes de Sem. Além do hebraico, havia entre os hebreus outra língua semita. Era o aramaico. Dizem que "aramaico" vem também do nome de outro descendente de Sem, chamado "Aram", do qual se originou o povo arameu ou sírio. Portanto, a Bíblia foi escrita por um povo semita, isto é, descendente de Sem, filho de Noé.

A língua hebraica era uma língua especialmente religiosa, enquanto o aramaico era mais usado no meio diplomático. No tempo de Cristo já não se usava mais o hebraico, e sim o aramaico. Para entendermos melhor a Bíblia precisaríamos conhecer um pouco os costumes e a língua dos povos semitas, especialmente dos hebreus e dos arameus, que escreveram a Bíblia.

Sem nos colocarmos dentro do ambiente daquele povo que escreveu a Bíblia, dentro da sua mentalidade e da sua cultura, nunca vamos entender a Bíblia. Mais ainda: precisamos perguntar também o que o autor sacro tinha em mente quando escreveu a Bíblia Sagrada, a qual não tem outro sentido senão o de transmitir a mensagem de Deus ao homem. É isto que vamos ver nas páginas que seguem.

PERGUNTAS

1 - Quanto tempo demorou para ser escrita a Bíblia?
2 - De que ano até que ano aproximadamente foi escrita a Bíblia?
3 - Em que línguas foi escrita a Bíblia? Explique.
4 - Por que se diz "hebraico" e "aramaico"?
5 - Que você entende por "Tradução dos Setenta"?
6 - O que precisamos fazer para entender a Bíblia?

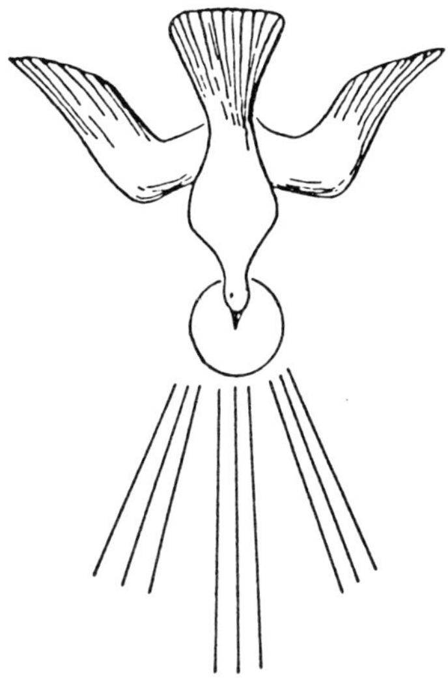

בראשית

Temos abaixo o primeiro versículo da Bíblia, escrito em hebraico e em grego. O grego se escreve como o português, da esquerda para a direita. Mas o hebraico não. Escreve-se da direita para a esquerda. A tradução do texto abaixo é:
"No princípio Deus criou o céu e a terra" (Gn 1, 1).

Em hebraico:

1 בְּרֵאשִׁית בָּרָא אֱלֹהִים אֵת הַשָּׁמַיִם וְאֵת הָאָרֶץ׃

Em grego:

Ἐν ἀρχῇ ἐποίησεν ὁ θεὸς τὸν οὐρανὸν καὶ τὴν γῆν.

NO QUE E COMO FOI ESCRITA A BÍBLIA?

Naquele tempo em que foi escrita a Bíblia, ainda não existia a imprensa que temos hoje. Nem o papel que usamos atualmente. Muito menos as máquinas impressoras de agora. Por isso, a Bíblia foi escrita à mão. E sabem no que foi escrita? Em cerâmica, em papiro, ou em pergaminho. Vamos ver, a seguir, como isso aconteceu.

A cerâmica é uma das artes mais antigas da humanidade. Água e terra sempre estiveram ao alcance do homem primitivo. Bastava misturar esses dois elementos, e o artista já possuía em suas mãos o barro para fazer o objeto desejado. Depois, era só levar as peças ao forno e cozinhá-las.

O barro servia para fazer não apenas vasos, mas também chapas, nas quais se escrevia. Aquelas chapas de argila faziam a vez de nossa folha de papel. Portanto, muitos textos bíblicos devem ter sido escritos em tijolos.

Tanto é que os historiadores modernos têm feito escavações naquelas regiões da terra de Jesus para encontrar escritos antigos gravados em chapas de argila cozidas. E, de fato, ficaram sabendo de muitas coisas da Bíblia através de inscrições feitas em peças de cerâmica daqueles tempos.

Tão comum era a indústria da cerâmica na antigüidade que, para falar da criação do homem, a Bíblia Sagrada usou de uma comparação tirada do barro. Ela diz:

"O Senhor Deus fez o homem com o barro da terra. . ."
(Gn 2,7).

Não quer dizer que o homem, de fato, tenha sido feito de barro. Trata-se de uma figura. O hagiógrafo usou de um exemplo que todos conheciam: a cerâmica. (Hagiógrafo é uma palavra grega que quer dizer: "pessoa que escreve sob a inspiração de Deus". Ou então: "escritor sagrado".)

Comparando Deus a um oleiro, o hagiógrafo quis mostrar

que Deus tem poder para fazer o que quer e como quer. Você já viu um oleiro trabalhando com barro? Ele dá ao barro a forma que deseja. Faz da argila a sua obra de arte. Eis o que disse o Senhor:

"Assim falou Deus a Jeremias:
Levanta-te e desce até a casa do oleiro.
Lá eu tenho algo a dizer-te.
Eu desci à casa do oleiro,
e eis que ele estava a trabalhar ao torno.
Quando o vaso que moldava não lhe saía bem,
ele fazia de novo outro vaso
conforme era de seu gosto.
Então, Deus me disse estas palavras:
Não posso eu agir convosco como este oleiro,
ó casa de Israel?
Tal qual a argila nas mãos do oleiro,
assim sereis vós na minha mão, ó casa de Israel"
(Jr 18, 1-6)

Com essa figura do oleiro e do barro, o escritor sagrado quis mostrar também a ação pessoal de Deus ao criar o homem. Deus poderia ter-nos feito com uma simples palavra. Para criar a luz, Ele apenas disse: *"Haja luz"*! E a luz começou a existir imediatamente (Gn 1,3). Conosco Deus agiu diferente. Com muito carinho. Dizendo que o Senhor fez o homem com o barro, o escritor sagrado quis dizer que o homem é obra prima, saída diretamente das mãos de Deus.

PERGUNTAS

1 - Como eram os meios de impressão quando foi escrita a Bíblia?
2 - No que foi escrita a Bíblia?
3 - Por que no início se escrevia em cerâmica?
4 - Qual o simbolismo do oleiro?
5 - Houve alguma diferença entre a criação das coisas e do Homem? Qual?
6 - Que disse Deus ao profeta Jeremias?

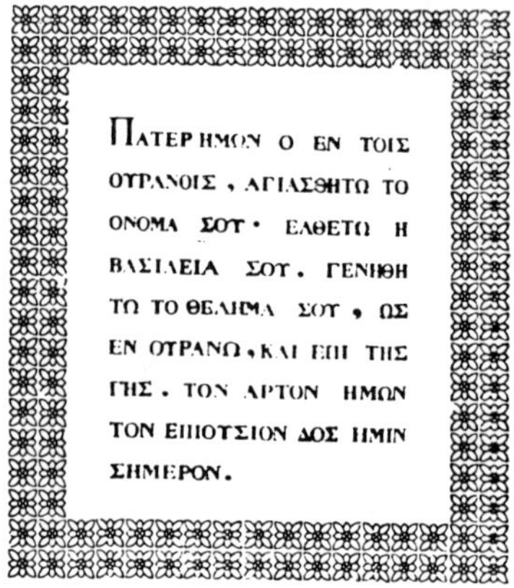

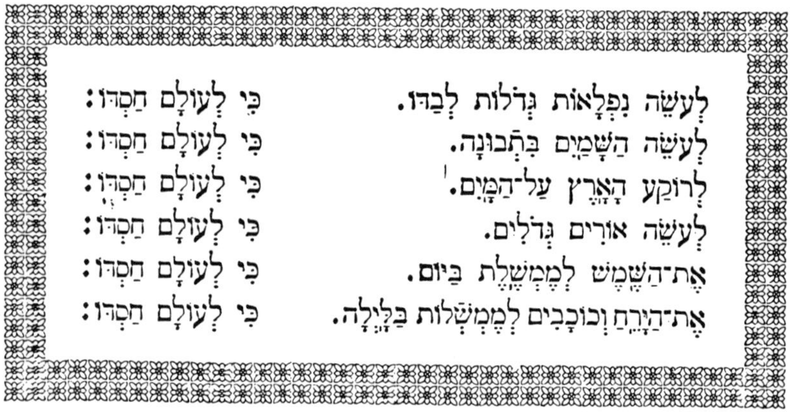

Nos desenhos e inscrições acima, representamos textos da Bíblia escritos em cerâmica.

DO PAPIRO VEM A PALAVRA "BÍBLIA"

Além da cerâmica, outro material que, na antigüidade, foi usado para escrever a Bíblia é o papiro. Que é o papiro? É uma planta que teve sua origem no Egito. Nascia e crescia espontaneamente às margens do rio Nilo. É interessante notar que a própria Bíblia faz menção do papiro como planta nativa do brejo. Eis o que está escrito no Livro de Jó:

"Acaso brota o papiro fora do pântano,
e cresce o junco sem água?
Verde ainda e sem ser arrancado,
seca antes de todas as ervas" (Jó 8, 11-12)

No Egito o papiro chegava a crescer até à altura de quatro metros. E do Egito o papiro passou para a Síria, Sicília e Palestina, que é a terra onde foi escrita a Bíblia. Hoje encontramos o papiro como planta ornamental, nos jardins de nossas casas. Mas naquele tempo ele era usado para fazer uma espécie de folha de papel para nela se escrever. Seu caniço comprido era aberto em tiras, as quais eram prensadas enquanto estavam úmidas. E assim formavam uma folha, semelhante ao nosso papel.

O papiro era ainda usado na fabricação de barcos. Referindo-se aos afluentes do alto Nilo e ao zumbir das nuvens de gafanhotos, o profeta Isaías diz:

"Ai da terra dos grilos alados
que fica além dos rios da Etiópia!
Que envia mensageiros pelo mar,
em barcos de papiro sobre as águas! (Is 18, 1-2)

O papiro era também usado para confecção de cestos. É ainda a Bíblia que nos fala, quando diz que Moisés foi colocado num cesto de papiro, sobre as águas do rio Nilo:

"E, como não pudesse mais esconder o menino,
tomou um cesto de papiro,
calafetou-o com betume e pez,
colocou dentro a criança e a expôs nos juncos,
à beira do Rio" (Ex 2, 3)

Mas o uso mais comum do papiro era na confecção de folhas de papel. Dizem que, três mil anos antes de Cristo, os egípcios já escreviam no papiro. Tanto é que, quando se falava "papiro", logo se pensava na folha, mais do que na própria planta.

Tais folhas eram escritas em um só lado e depois guardadas em rolos. É daí que veio a palavra "Bíblia". Porque essa película ou "folha", tirada do caule do papiro, chamava-se "biblos". "Biblos" é uma palavra grega que significa "livro". E o plural de "biblion", em grego, é "biblia". Portanto, Bíblia quer dizer: "Os Livros" ou "coleção de Livros".

De fato, a Bíblia reúne todos os textos sagrados que começaram a ser escritos no tempo de Moisés e foram terminados pelos Apóstolos. A Bíblia é também chamada Escritura Sagrada ou Sagradas Letras. Na verdade é "O Livro" por excelência, ou "O Livro dos Livros".

Vendo tudo isto, pensamos no trabalho que tiveram nossos antepassados para fazer a Palavra de Deus, escrita há milhares de anos, chegar até nós no dia de hoje. Quanta dedicação! Quanto zelo! Tudo feito à mão e guardado como tesouro, para todas as gerações, até o fim do mundo! Dizem que a Bíblia é a "carta de amor de nosso Pai". Vamos então ler e meditar um trechinho da Bíblia escrito antes de Cristo:

"O Filho respeita seu pai,
e o servo respeita o seu senhor.
Ora, se eu sou pai,
onde estão as honras que me são devidas?
E se eu sou o Senhor,

onde está o temor que se me deve?
diz o Senhor todo-poderoso. . .
Se me ofereceis em sacrifício um animal cego,
não haverá nisto mal nenhum?
E se me trazeis um animal manco e doente,
não vedes mal nenhum nisto?
Ide, pois, oferecê-lo ao vosso governador:
será que ele ficaria contente e o aceitaria?
diz o Senhor todo-poderoso" (Ml 1, 6-8)

PERGUNTAS

1 - Que você sabe a respeito do papiro?
2 - Para que servia o papiro?
3 - Que diz a Bíblia sobre o papiro?
4 - Explique a origem da palavra "Bíblia".
5 - Que disse Deus através do profeta Malaquias?

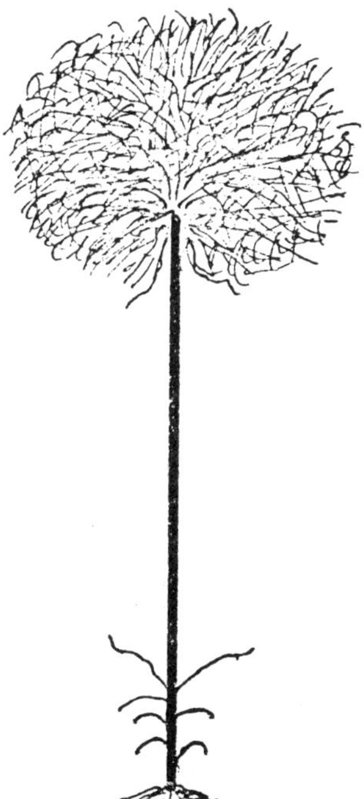

No desenho
ao lado,
uma planta
do papiro

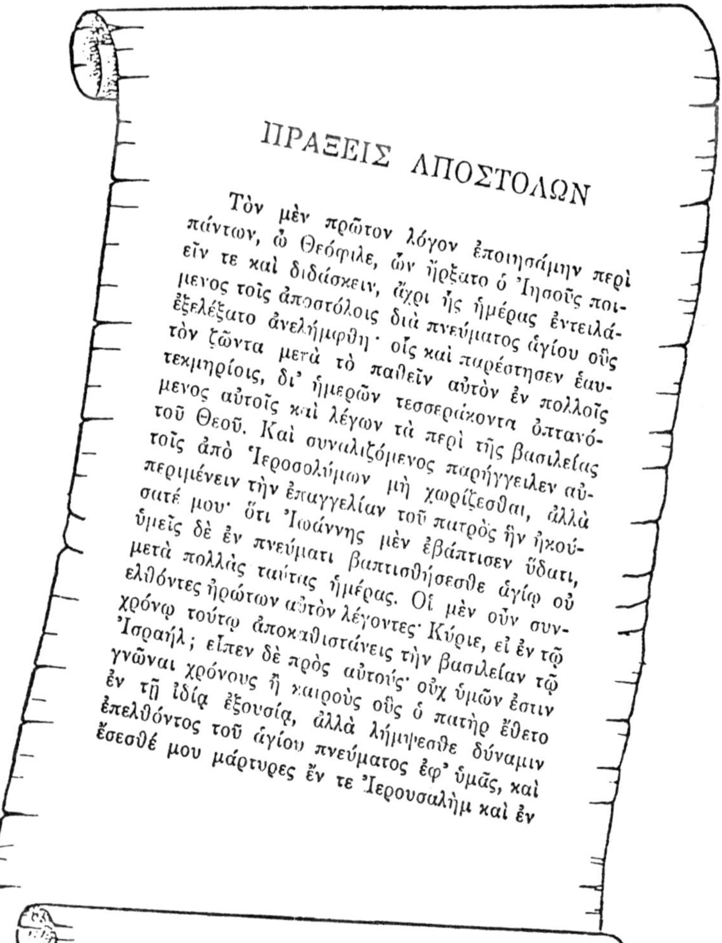

No desenho acima representado, uma folha do papiro com um texto dos Atos dos Apóstolos (1, 1-8), em grego.

A BÍBLIA EM "ROLO"

Já na antigüidade o papiro enfrentou um forte concorrente para a escrita: foi o pergaminho. Que é o pergaminho? É nada mais e nada menos que o couro do carneiro, curtido e devidamente preparado para nele se escrever.

Chama-se "pergaminho" porque começou a ser usado como papel na cidade de Pérgamo, pelo rei Éumenes II, duzentos anos antes de Cristo. Pérgamo era uma cidade importante da Ásia Menor.

Dizem que, vendo a grande importância da Biblioteca de Pérgamo, os egípcios ficaram com inveja e não quiseram mais vender papiro para os moradores daquela cidade. Por isso, o rei de Pérgamo se viu obrigado a recorrer a outro material para a escrita, que foi a pele de ovelha.

A partir daí, o pergaminho espalhou-se rapidamente para outras regiões. Ficou famoso no mundo inteiro e foi logo preferido ao papiro, especialmente para a redação de documentos mais importantes.

Sabemos que muitos textos bíblicos foram escritos em pergaminhos, assim como outros foram escritos em cerâmica ou em papiro. Na sua Segunda Carta a Timóteo, o Apóstolo São Paulo faz menção de textos bíblicos escritos tanto em papiro como em pergaminhos. Esses "pergaminhos" eram nada mais e nada menos do que Livros da Bíblia escritos em pele de ovelha ou de carneiro. Quando ele fala simplesmente "livros", trata-se dos escritos em papiro. Eis o que São Paulo escreve a seu discípulo Timóteo:

"Quando vieres, traze-me o manto que deixei em Trôade,
em casa de Carpo, bem como os livros,
principalmente os pergaminhos" (2 Tm 4, 13)

Os pergaminhos, assim como as folhas do papiro, não eram "encadernados" em livros como fazemos hoje. Os antigos ligavam umas folhas às outras e faziam "rolos". Eram peças largas, à semelhança da massa de pastel que a mulher enrola no pau sobre a mesa.

É por isso que, muitas vezes, encontramos na Bíblia Sagrada a expressão "enrolar" e "desenrolar" o Livro. Por exemplo, falando ao profeta Jeremias, disse-lhe Deus:

"Toma um rolo de Livro e escreve nele
todas as palavras que te disse" (Jr 36, 2)

Era comum essa expressão, principalmente entre os profetas. São Lucas escreve que Jesus foi à sinagoga e, "desenrolando o Livro", leu um trecho do profeta Isaías. Depois, "enrolando o Livro", entregou-o novamente ao ministro da sinagoga. Vamos ler esse texto, não para apenas acharmos uma palavra que nos interessa, mas para pensarmos um pouco naquilo que as Escrituras nos dizem. Nesse trecho, o próprio Cristo se revela como sendo o Messias esperado. Ele diz que nele se cumpriu o que a respeito dele tinha sido dito pelos profetas:

"Jesus foi a Nazaré, onde havia sido criado,
e, segundo o seu costume,
entrou em dia de sábado na sinagoga
e levantou-se para ler.
Foi-lhe entregue o Livro do profeta Isaías;
desenrolando o Livro,
encontrou o lugar onde está escrito:
O Espírito do Senhor está sobre mim,
porque ele me ungiu para evangelizar os pobres,
enviou-me para anunciar o perdão aos pecadores,
para dar aos cegos a recuperação da vista,
para restituir a liberdade aos oprimidos,
e para proclamar um ano de graça do Senhor.
Depois enrolou o Livro,
entregou-o ao servente e sentou-se.
Todos, na sinagoga, olhavam-no atentos.
Então Ele começou a dizer:
Hoje realizou-se esta Escritura
que acabais de ouvir" (Lc 4, 16-21)

PERGUNTAS

1 - Que é o pergaminho?
2 - De onde veio esse nome de "pergaminho"?
3 - A Bíblia fala de pergaminhos? Onde e como?
4 - Como eram guardados os pergaminhos e os papiros?
5 - Onde Jesus se revela ser o Messias?
6 - Você crê realmente nas Escrituras Sagradas?

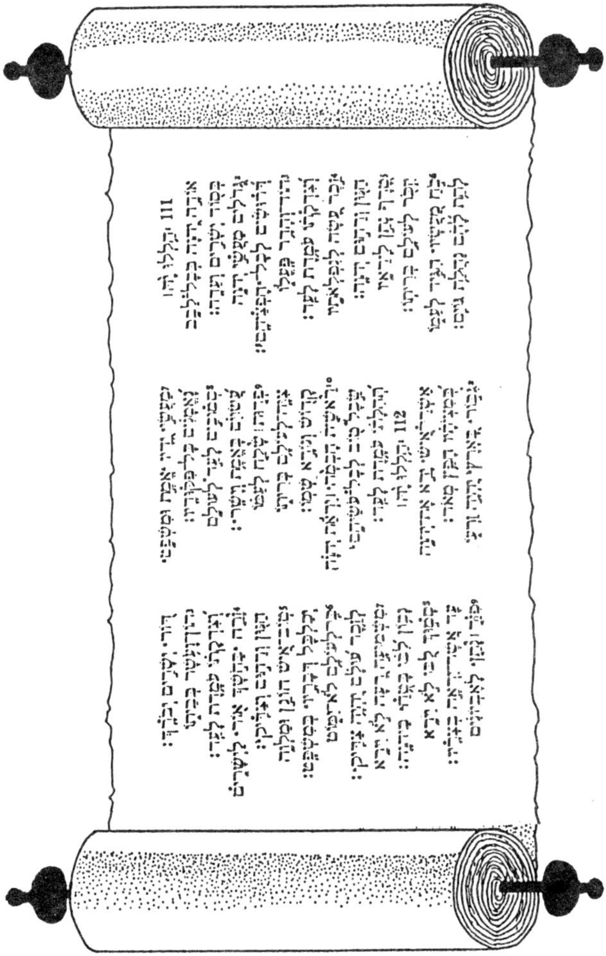

Antigamente a Bíblia era escrita em pergaminho e enrolada, como vemos aí nesse "rolo".

73 "LIVROS" NUM SÓ LIVRO

Dissemos que a Bíblia é um Livro. E é verdade. Dizemos também que a Bíblia tem 73 Livros. E não deixa de ser verdade. Como se explica isso? Tudo depende do que entendemos por "Livro" na Bíblia.

É o seguinte. Em geral, a Bíblia é um só volume, mas reúne uma porção de assuntos diferentes. Esses "assuntos diferentes" formam as diversas partes da Bíblia, distintas entre si. Pois bem: a cada uma dessas partes distintas dá-se o nome de "Livro".

Não é só com a Bíblia que acontece isso. Existem outros livros famosos que, num só volume, reúnem uma porção de Livros. Por exemplo, a "Imitação de Cristo" é um volume pequeno e, no entanto, é dividido em Quatro "Livros".

Assim é a Bíblia. São 73 Livros num só volume. Em geral, cada assunto é um Livro. Por exemplo: há um trecho da Bíblia que nos conta como o Povo de Deus saiu do Egito. Então esse trecho constitui um Livro, que recebeu o nome de "Livro do Êxodo". (A palavra "êxodo" quer dizer "saída").

Outro exemplo é o Livro dos Salmos. A palavra "salmos" vem da língua grega. Designa um poema que deve ser cantado ao som de instrumentos musicais. De fato, "Salmos" é um Livro da Bíblia que reúne 150 composições em forma de poesias. São 150 orações de agradecimentos, de louvores ou de súplicas que os hebreus cantavam ao som de instrumentos musicais, como lemos no último Salmo:

"Louvai ao Senhor ao som da trombeta,
louvai-o com a lira e a cítara.
Louvai-o com tímpanos e danças,
louvai-o com a harpa e a flauta.
Louvai-o com címbalos sonoros
louvai-o com címbalos retumbantes.
Tudo o que respira louve ao Senhor" (Sl 150, 3-5)

Nós também cantamos os salmos ainda hoje. Quem não conhece os "Salmos de Meditação" que recitamos ou cantamos nas missas, após a Primeira Leitura da Palavra de Deus? E nós os cantamos ao som de órgãos ou de violão.

E de onde é tirado o nome ou título do Livro? O nome é tirado de diversos lugares e de vários modos. Às vezes vem do assunto contido no Livro. Por exemplo: Livro da Sabedoria. Outras vezes vem do nome do autor do Livro. Por exemplo: Primeira Carta de Pedro, porque foi escrita por São Pedro.

Há também casos em que o nome é tirado da comunidade para a qual o Livro foi escrito. Por exemplo: Carta aos Romanos, porque foi dirigida à comunidade cristã de Roma. Outras vezes o nome do Livro é tirado do personagem central em torno do Livro. Exemplo: Livro de Josué.

Lembramos que, às vezes, o assunto dos livros é o mesmo, mas os nomes são diferentes, porque são de autores diferentes. Exemplo: Evangelho de Mateus e Evangelho de Marcos. Outras vezes o autor é o mesmo, mas os nomes são diferentes, porque são livros dirigidos a comunidades diferentes. Exemplo: Carta aos Romanos e Carta aos Filipenses. As duas são de autoria de São Paulo.

Em geral, os Livros da Bíblia são livros pequenos. Por isso, podem ser ajuntados num só volume, como se fossem um só livro. Há, por exemplo, dois Livros da Bíblia que não passam de uma página cada. São a Segunda e a Terceira Cartas de São João.

Ao folhearmos os textos da Bíblia Sagrada, pensamos na sua importância para a nossa salvação. Neles está a Palavra de Deus. Palavra viva e eterna. Palavra atual e penetrante, que entra em nosso espírito e nos coloca em comunhão com o Pai. Depois de falar da ressurreição e da aparição de Jesus aos discípulos, São João escreve:

"Fez ainda Jesus, na presença de seus discípulos,
muitos outros milagres,
que não estão escritos neste Livro.
Mas estes foram escritos,
para que creiais que Jesus é o Cristo,
o Filho de Deus,
e para que, crendo, tenhais a vida em seu nome"
(Jo 20, 30-31)

PERGUNTAS

1 - Que é um "Livro" na Bíblia?
2 - Que significa Livro do Êxodo?
3 - De onde é tirado o nome do Livro?
4 - Quais os dois Livros menores da Bíblia?
5 - Você acha que a sua fé é tão viva que por ela será salvo?

"BÍBLIA", O LIVRO

Vimos que a Bíblia foi escrita num período que demorou mais de mil anos. Vimos também que foi escrita por partes, por autores diversos, em épocas diferentes. Muitas vezes, de um Livro para outro, houve um espaço de cem anos. Até o mesmo Livro, às vezes, foi escrito em diversas etapas.

Nesta altura, alguém poderia dizer: "Então a Bíblia deve ser um aglomerado de Livros sem nexo. Uma espécie de colcha de retalhos. Pois como pode um Livro relacionar-se com os outros, se foram escritos por pessoas diferentes e em épocas tão distantes?

Não é assim. Já dissemos que a Bíblia não foi escrita à maneira de um livro qualquer. Ocorre com a Bíblia algo fora do comum. Apesar de os 73 Livros terem sido escritos num longo período de mais de mil anos, por autores diversos e em épocas diferentes, eles mantêm entre si uma unidade maravilhosa. Todos os 73 Livros da Bíblia estão ligados entre si por um único "fio condutor". Esta espécie de fio condutor faz com que todos esses 73 Livros não percam de vista o seu objetivo comum: a nossa Salvação.

É por isso que cada Livro da Bíblia deve ser entendido como parte de um todo. Nenhuma passagem bíblica pode ser vista e entendida isoladamente, mas sempre dentro do contexto da História da Salvação.

E sabem por que existe essa unidade entre os Livros da Bíblia? Porque o seu Autor Principal é Deus e não os homens. Deus quis utilizar-se dos homens para escrever o seu Livro Sagrado. Então os homens ficaram sendo "autores secundários". Sempre fiéis a Deus, que é o Autor Principal.

Por isso ainda, embora cada Livro trate de um assunto diferente e em circunstâncias diversas, vamos encontrar em cada

espécie de "dedo de Deus", que escreve a sua Men-
alvação para os homens de todos os tempos. E é, pois,
e espírito que devemos ler todos os Livros da Bíblia: bus-
o neles a Palavra de Deus, que é sempre viva e atual, para os
omens de ontem e de hoje.

E, porque a Bíblia tem como Autor principal Deus e não o homem, criatura alguma pode alterar os textos sagrados. Não pode nem acrescentar nem tirar. É Deus mesmo quem fala isso. Eis o que está escrito no Antigo Testamento:

"E agora, ó Israel, ouvi as leis e os preceitos
que hoje vou ensinar-vos.
Praticai-os, para que vivais e entreis na posse da terra que o Senhor, Deus de vossos pais, vos dá.
Não ajuntareis nada a tudo que vos prescrevo,
nem tirareis nada daí,
mas guardareis os preceitos do Senhor, vosso Deus,
exatamente como vos prescrevi" (Dt 4, 1-2)

E com palavras semelhantes termina o Novo Testamento, que diz:

"Eu declaro a todos aqueles que ouvirem as palavras da profecia deste Livro:
Se alguém lhes ajuntar alguma coisa,
Deus ajuntará sobre ele as pragas descritas neste Livro.
E se alguém dele tirar alguma coisa,
Deus lhe tirará a sua parte na árvore da vida
e da cidade santa, descritas neste Livro" (Ap 22, 18-19).

PERGUNTAS

1 - Os Livros da Bíblia têm nexo entre si?
2 - Por que os Livros da Bíblia formam uma "unidade"?
3 - Como deve ser entendido cada Livro da Bíblia?
4 - Quem é o autor da Bíblia?
5 - Qual a mensagem central da Bíblia?
6 - Que disse Deus no Apocalipse?

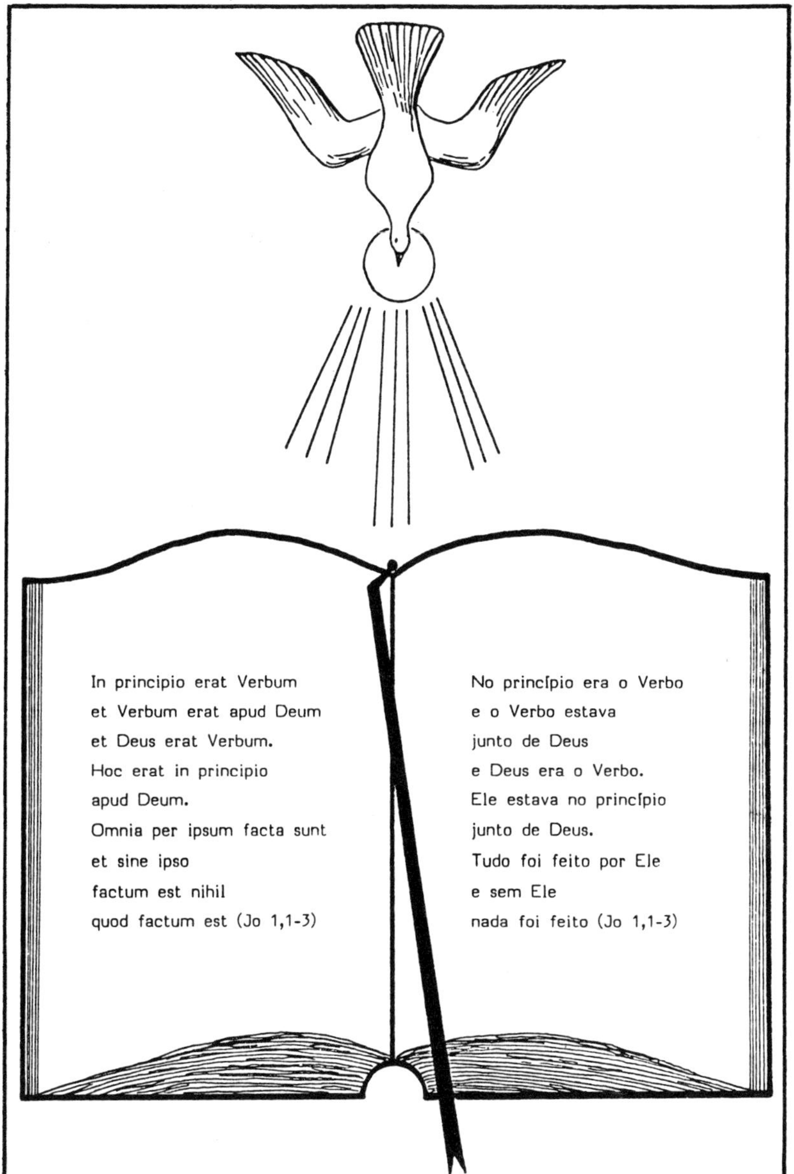

Os escritores da Bíblia foram conduzidos pelo "dedo de Deus" ou pelo Espírito Santo, representado por uma pombinha. Por isso, o que eles escreveram é a Palavra de Deus.

MODO DE FALAR DOS SEMITAS

Antes de tudo, o povo semita era muito simples, bem diferente dos gregos e latinos, que eram desenvolvidos na Filosofia. Os gregos e latinos falavam uma linguagem mais racional, cheia de abstrações e conceitos filosóficos. Os semitas não. Eram um povo intuitivo. Falavam uma linguagem bem concreta, personificando e encarnando o seu pensamento.

Por exemplo, um semita não usa as expressões: "natureza humana" ou "humanidade". Ele emprega a palavra "carne". Para dizer que toda a humanidade havia-se corrompido, o escritor sagrado escreveu:

"Deus olhou para a terra
e viu que estava perdida,
porque toda a carne havia-se corrompido
sobre a terra" (Gn 6, 12)

Para dizer que a mulher tinha a mesma natureza do homem, Adão se expressou com esta linguagem concreta e materializada:

"Eis agora aqui, disse o homem,
o osso de meus ossos e a carne de minha carne.
Ela se chamará mulher,
porque foi tirada do homem" (Gn 2, 23)

Em vez de usar conceitos abstratos, os semitas recorriam a certos jogos de palavras que expressavam o seu pensamento de maneira concreta. Por exemplo, para dizer que estava decidido a morrer, o hebreu dizia que "punha a sua carne entre os dentes". Ainda a expressão: "trazer a vida na palma da mão" significava também: "estar prestes a morrer". E por quê? Porque o que está na mão está para ser entregue. Por isso, no meio de seu sofrimento, Jó disse:

"Porei minha carne entre os meus dentes,
e levarei na mão a minha vida" (Jó 13, 14)

No profeta Isaías temos um exemplo bonito, onde aparece bem como a linguagem bíblica concretiza ao máximo a fala de Deus. Para dizer que a misericórdia de Deus está bem perto, fala que Deus "não tem mão curta". E para dizer que Deus está sempre atento às nossas preces, fala que Deus "não é duro de ouvido".

"Não, a mão de Javé não é curta para salvar
nem o seu ouvido é tão duro que não possa ouvir.
Antes, são os vossos pecados que criaram um abismo
entre vós e o vosso Deus.
Por causa de vossas iniqüidades,
Ele escondeu de vós o seu rosto
para não vos ouvir" (Is 59, 1-2)

Quem não leva em conta essas coisas próprias da língua do povo que escreveu a Bíblia, não vai nunca entender a Palavra de Deus. Porque a Palavra de Deus, ao ser transmitida pelo homem, recebeu toda essa embalagem humana. Deus aceitou que a sua Palavra eterna, viva e verdadeira, ao ser transmitida se revestisse da roupagem humana do povo simples que a escreveu. É bom sabermos disso, porque senão vamos achar que a Bíblia é lenda e fantasia.

Por exemplo, o caso de Adão e Eva, da cobra e da fruta. Essas figuras literárias não nos interessam. Trata-se de um modo de falar personificando tudo. Mas, atrás dessa fantasia, existe uma verdade divina que Deus quer transmitir-nos: é a rejeição de Seu plano de amor por parte do homem, bem como as desastrosas conseqüências desse rompimento.

O escritor da Bíblia inventa esse diálogo da serpente com o homem e de Deus com a serpente, para mostrar-nos que existe o Maligno com a sua tentação. Essa tentação entra sempre por meio de uma mentira com aparência de verdade. Jesus disse que o Demônio é o "pai da mentira" (Jo 8, 44). Quando o escritor da Bíblia diz que Adão e Eva "abriram os olhos e viram que estavam nus", ele quer dizer que eles "viram a sua triste realidade". Ver-se "nu" é perceber o seu nada, a sua miséria extrema, o vazio de seu coração, visto que o homem havia perdido a amizade com Deus ou estado de "justiça original". Vamos ler e meditar nesse trecho da Bíblia Sagrada, procurando descobrir aí a Verdade de Deus e a realidade nossa, pois aquele Adão e aquela Eva somos nós mesmos. Leiamos Gênesis 3, 1-13.

PERGUNTAS

1 - Como eram os semitas?
2 - Quais as características de sua língua?
3 - Dê um exemplo de linguagem concreta?
4 - Que significado tem a estória da fruta proibida?
5 - Que quer dizer: "abriram os olhos e viram que estavam nus"?
6 - Você se considera um outro Adão? Por quê?

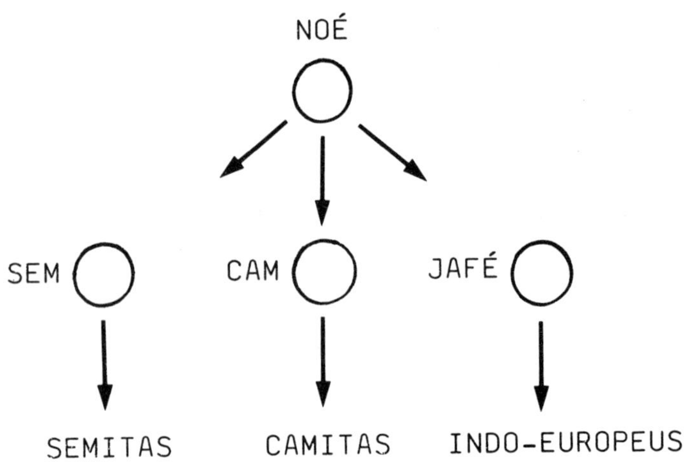

Os semitas eram um povo descendente de Sem, um dos três filhos de Noé. Os três filhos de Noé eram: Sem, Cam e Jafé, os quais, segundo uma tradição, deram origem aos três troncos da humanidade: os semitas, os camitas e os indo-europeus.

A PALAVRA "IRMÃO" E OS HEBRAÍSMOS

Os orientais gostavam muito de falar em provérbios. Por isso, freqüentemente estavam recorrendo às "hipérboles". Que é isso? "Hipérboles" são expressões que exageram a verdade que a gente quer dizer, aumentando-a ou diminuindo-a. Era um modo muito a gosto dos semitas. Por exemplo, querendo falar da grande dificuldade que um rico encontra para entrar no Seu Reino, Jesus disse:

"É mais fácil um camelo passar pelo buraco da agulha
do que um rico entrar no reino de Deus" (Mt 19, 24)

Nós também, ainda hoje usamos semelhantes expressões proverbiais. Por exemplo, para falarmos que alguém é muito "pão duro", dizemos:

"É mais fácil o olho das "Pernambucanas" piscar
do que fulano de tal abrir as mãos".

Outra coisa. Para entendermos a Bíblia, precisamos estar atentos aos "hebraísmos". Que é isso? "Hebraísmos" são certas expressões próprias da língua hebraica. Não têm tradução em outras línguas. Por exemplo, para dizer que alguém ama uma pessoa mais que a outra, às vezes se diz que alguém "ama uma pessoa e odeia a outra". Era um modo de falar, chamando a atenção do ouvinte através de um contraste. Assim disse Jesus:

"Se alguém vem a mim e não odeia pai e mãe,
mulher, filhos, irmãos, irmãs e até a própria vida,
não pode ser meu discípulo" (Lc 14, 26)

Ora, será que Jesus quer ensinar-nos a odiar pai e mãe? De maneira alguma. Examinando o contexto todo do Evangelho, vemos que jamais quis Jesus ensinar-nos a odiar. Muito pelo contrário, ele mandou amar até os próprios inimigos e querer bem os que nos tratam mal (Cf. Mt 5, 43-44).

O sentido de "odiar" pai e mãe não é simplesmente que amemos mais a Deus do que a nossos pais, como se houvesse uma escala de amor entre Deus e as criaturas. O sentido mesmo é este: devemos amar "somente a Deus", pois só Ele merece ser amado. Nenhuma criatura merece ser amada "em si mesma", mas somente "em Deus", pois, por si mesmas, as criaturas não são nada, mesmo que sejam os nossos pais. Deus não tem "concorrentes" no amor, como se existissem "pequenos deuses" ou ídolos.

Outra coisa a notar: a palavra "irmão". No hebraico não existem as palavras "irmão, tio, sobrinho". Então, para designar qualquer parentesco, usa-se a palavra "irmão". A pessoa que não sabe disso, acaba pensando que Maria teve outros filhos além de Jesus, porque a Bíblia fala dos "irmãos" de Jesus. Assim está escrito:

"Não é este o filho do carpinteiro?
Não é Maria a sua mãe?
Não são seus irmãos:
Tiago, José, Simão e Judas?
E suas irmãs, não vivem todas entre nós? (Mt 13, 55-56a)

No entanto, sabemos que não se trata de "irmãos" de Jesus no sentido de nossa língua, mas simplesmente esses "irmãos" são os primos de Jesus. Aliás, Jesus foi mais longe ainda, dizendo que seus "irmãos" são todos aqueles que fazem a vontade de Deus:

"Todo aquele que faz a vontade de meu Pai
que está nos céus,
esse é meu irmão, minha irmã e minha mãe" (Mt 12, 48)

E para vermos como entre os hebreus todo parente era chamado "irmão", leiamos este trecho da Bíblia:

"Eis a descendência de Taré:
Taré gerou Abraão, Nacor e Arão.
Arão gerou Lot. . ." (Gn 11, 27-28)

Portanto, Lot era sobrinho de Abraão, visto que era filho do irmão de Abraão. No entanto, mais adiante a Bíblia fala que Lot era "irmão" de Abraão. Está escrito:

"Abraão disse a Lot:
Rogo-te que não haja discórdia entre mim e ti,
nem entre nossos pastores,
pois somos irmãos" (Gn 13, 8)

PERGUNTAS

1 - Que são "hipérboles"? Dê exemplos.
2 - Dê um exemplo de hebraísmo.
3 - Dê um exemplo de linguagem concreta dos hebreus.
4 - Qual o significado da estória da "maçã"?
5 - Que quer dizer: "Abriram os olhos e viram que estavam nus"?
6 - Você se considera um outro Adão? Por quê?

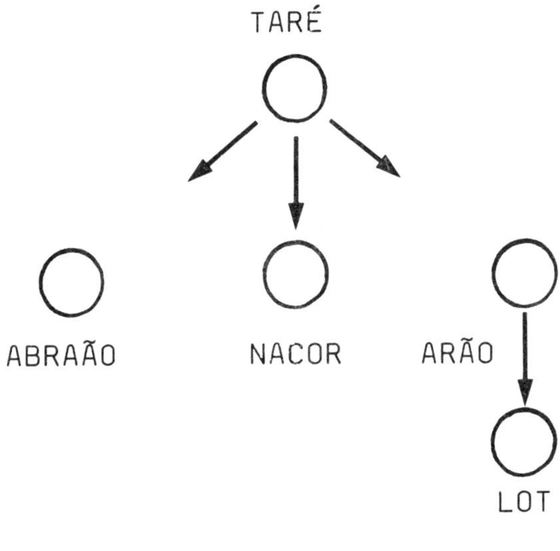

Lot era sobrinho de Abraão. No entanto é chamado "irmão" de Abraão, porque os hebreus diziam "irmão" a qualquer parente.

OS ANTROPOMORFISMOS NA BÍBLIA

Os hebreus faziam muitos "antropomorfismos". Que é isso? É a gente falar de qualquer coisa como se essa coisa fosse viva como um ser humano. É a gente dizer que uma árvore fala, sente, fica triste, alegre, etc, como se ela fosse gente e tivesse sentimento igual a nós.

Para entendermos melhor o que seja antropomorfismo, lembramos que "antropomorfismo" é uma palavra grega, formada das palavras "antropos", que significa "homem", e "morfé", que quer dizer "forma". Então, antropomorfismo nada mais é do que "dar forma humana" a um outro ser que não é homem.

É exatamente o que os semitas gostavam de fazer. Eles faziam uma árvore falar, alegrar-se, entristecer-se, como se tivesse vida e sentimento que nem nós. Eis o que está escrito na Bíblia:

"Que o céu se alegre, e a terra exulte!
Estronde o mar e o que ele contém!
Que festeje o campo e tudo o que nele existe!
As árvores da floresta gritem de alegria" (Sl 95 (96) 11-12)
Louvai a Deus, sol e lua
louvai-o astros reluzentes" (Sl 148, 3)

Mas os antropomorfismos mais comuns na Bíblia são os referentes a Deus. Para mostrar que Javé era um Deus pessoal, vivo e atuante no meio de seu Povo, os hebreus falam Dele como se Ele tivesse olhos, boca, nariz, pernas e sentimentos como nós. É uma espécie de oposição aos ídolos dos pagãos, que eram deuses falsos: não falavam, não viam, não ouviam, não agiam. Estavam longe e eram inertes. Falando deles, assim escreveu o salmista:

"Têm boca, mas não falam.
Têm olhos, mas não vêem.
Têm ouvidos, mas não ouvem.

Têm nariz, mas não podem cheirar.
Têm mãos, mas não apalpam.
Têm pés, mas não andam.
Sua garganta não emite som algum" (Sl 115, 13-15)

O Salmo 17 (18) mostra como o verdadeiro Deus (Javé), escuta o grito de seu Povo e vem em socorro de Israel. Faz a terra tremer e sacode o mar. Salva seu Povo, pois é um Deus vivo, bom e poderoso, que está, ao mesmo tempo, acima dos céus e junto de seu Povo.

Para criar o mundo, Javé vai dando ordens, e as coisas vão acontecendo. "Deus disse: Haja luz! e houve luz" (Gn 1, 3). Na linguagem dos semitas, Deus anda e conversa com o homem. Eis o que está escrito após o pecado de Adão e Eva:

"Eles ouviram os passos de Deus
que passeava no jardim, à brisa do dia,
e o homem e sua mulher esconderam-se da presença de Deus entre as árvores do jardim.
Deus, porém, chamou o homem, dizendo:
- Onde estás?" (Gn 3, 8-9)

Na linguagem dos semitas, Deus "fica triste e se arrepende". Está escrito:

"Deus viu que a maldade do homem era grande sobre a terra, e que era continuamente mau o desejo
de seu coração.
Então Deus arrependeu-se de ter feito o homem
e seu coração ficou tomado de tristeza" (Gn 6, 5-6)

PERGUNTAS

1 - Que é antropomorfismo?
2 - Dê um exemplo bíblico de antropomorfismo.
3 - Que tipo de antropomorfismo a Bíblia usava mais?
4 - Por que há antropomorfismo na Bíblia?
5 - Que os hebreus pensavam de Deus?

FORMAS LITERÁRIAS

Para entendermos qualquer Livro da Bíblia Sagrada, precisamos antes de tudo saber a que "gênero literário" pertence aquele Livro. Mas que é "Gênero literário"? É nada mais e nada menos que a "forma" da literatura usada para escrever aquele Livro. Em outras palavras, a forma ou gênero literário significa o conjunto de regras e de expressões usadas para escrever tal tipo de Livro. Na verdade, cada tipo de Livro tem a sua linguagem própria, permitida pela literatura.

Por exemplo, na literatura comum, uma é a linguagem usada num livro de poesia, e outra é a linguagem usada num código de leis. Assim também na literatura bíblica. Uma é a linguagem empregada num Livro de profecias, outra é a linguagem empregada num Livro que fala dos preceitos divinos, como o Deuteronômio. Logicamente, se o Livro é do gênero poético, como os Salmos, nós não podemos tomar as suas palavras ao pé da letra como fazemos ao ler um Livro escrito em estilo epistolar, como as Cartas dos Apóstolos.

E como descobrir o gênero literário de um Livro da Bíblia? Em geral, as Bíblias católicas trazem uma explicação no início de cada Livro. Por isso, antes de lermos um Livro da Bíblia, convém lermos as notas explicativas que precedem aquele Livro. E quais são os diversos gêneros literários que vamos encontrar na Bíblia? À maneira de exemplos, apresentaremos aqui nove gêneros literários que se encontram na Bíblia. São os seguintes:

1 - Tratados Religiosos: Com aparência de narração histórica, apresentam verdades religiosas. Não podem ser entendidos como história propriamente dita. É, por exemplo, o caso dos 11 primeiros capítulos do Gênesis.

2 - História Popular: É quando se mistura um pouco de história verdadeira com elementos de fantasia. Trata-se de um modo de ensinar a religião. É o caso da história dos Patriarcas: Abraão, Isaac, Jacó e seus doze filhos, etc.

3 - História Descritiva: Aí permanece a finalidade religiosa, mas as personagens e os fatos são todos verdadeiros, documentados pela história. É o caso de Samuel, Reis, Esdras, Neemias e Atos.

4 - Gênero Didático: São livros que trazem instrução religiosa ou moral. Fazem recomendações e dão orientações de vida. Exemplos desse gênero são os Livros Sapienciais: Provérbios, Eclesiastes, Eclesiástico, etc.

5 - Gênero Profético: Apresentam a Palavra de Deus através dos profetas, que advertem, repreendem e encorajam o Povo de Israel diante da realidade em que vive. Exemplo: Isaías, Ezequiel, Jeremias, e outros.

6 - Gênero Apocalíptico: São visões proféticas sobre a sorte do povo de Deus. Exemplo: o Apocalípse e certos trechos dos profetas.

7 - Gênero Poético: Apresenta a Palavra de Deus à maneira de poesia, usando, portanto, de maior liberdade e recurso literário. Exemplo: os Salmos, o Cântico dos Cânticos, e certos hinos espalhados pela Bíblia.

8 - Gênero Jurídico: É a Palavra de Deus apresentada sob a forma de Lei. Exemplo: Levítico, Números e Deuteronômio. É um modo de escrever bem diferente daquele usado na poesia.

9 - Gênero Epistolar: "Epístola" é uma palavra latina que significa "Carta". O gênero Epistolar traz a Palavra de Deus à maneira de Cartas dirigidas a certas comunidades

ou pessoas. Exemplos mais conhecidos são as Cartas de São Paulo ou as outras, chamadas "Epístolas Católicas".

Sobre os gêneros literários, diz o Concílio Vaticano II:

"Para entender corretamente aquilo
que o autor sacro quis afirmar por escrito,
é necessário levar devidamente em conta
tanto as nossas maneiras comuns e espontâneas
de sentir, de falar e de contar,
que já eram correntes no tempo de escritor sacro,
como as que costumavam empregar-se largamente
na literatura daqueles tempos" (DV, 12)

O Papa Pio XII lembra que nenhum dos modos de falar dos antigos é incompatível com os Livros Santos. Deus se serve do modo comum de falar dos homens, especialmente de seu povo, os hebreus. E acrescenta ele:

"Na Escritura Sagrada as coisas divinas
nos são apresentadas ao modo usual, humano.
Como o Verbo de Deus (Jesus)
se fez semelhante aos homens em tudo,
exceto o pecado,
assim também a Palavra de Deus
expressa em línguas humanas
assemelhou-se em tudo à linguagem humana,
exceto *o erro". (DAS, 20)*

PERGUNTAS

1 - Que precisamos fazer para entender os livros da Bíblia?
2 - Que é "gênero literário?
3 - Dê exemplos de gêneros literários.
4 - Que é gênero apocalíptico?
5 - Que disse Pio XII sobre os gêneros literários?

O SIGNIFICADO DOS NÚMEROS NA BÍBLIA

Quem não está informado sobre o significado dos números entre os povos primitivos, ao ler a Bíblia Sagrada acaba levando a sério os muitos números que ali encontra. Por isso, queremos lembrar que, na mentalidade dos povos antigos, tanto dos gregos como dos hebreus, os números tinham também sentido simbólico. Muitas vezes significavam qualidade e não quantidade. Os orientais não sabiam falar sem recorrer ao simbolismo dos números e dos provérbios.

Assim, por exemplo, para dizer que uma pessoa era virtuosa e abençoada por Deus, a Bíblia diz que tal pessoa viveu uma grande soma de anos. Para dizer que o seu Deus estava acima de todos os deuses juntos, os hebreus punham a palavra "Deus" no plural: "Elôhim" (deuses) é o plural de "El" (Deus). E "Elôhim" é o nome que os hebreus antigos davam a Javé, o verdadeiro Deus de Israel.

A mesma coisa acontecia com a palavra "Santo". Para dizer que Javé era Deus fiel e santo, mais que todos os deuses dos pagãos juntos, os hebreus punham a palavra Santo (Qadosh) no plural (Qedoshim). Portanto, era plural que não tinha sentido de soma ou de multiplicação, mas de perfeição e plenitude.

Outra coisa: os números ímpares eram sempre mais perfeitos que os pares. Pelo fato de serem mais facilmente divisíveis, os números pares eram inferiores, pois davam a idéia de coisa fraca ou quebradiça. Por isso, os números simbólicos mais freqüentes na Bíblia, são: Um, Três, Sete, Dez e Doze. O dez e o doze não são ímpares, mas tinham uma razão especial para entrar na lista dos números simbólicos, como explicaremos a seguir.

UM - Era o número perfeito por excelência, por ser o primeiro ou "origem" dos outros números.

TRÊS - Era número perfeito por ser o primeiro composto de ímpar, e por representar o triângulo, que era uma figura perfeita, com três faces iguais.

SETE - O mais significativo na linguagem bíblica. Começa por isto: Deus fez o mundo em sete "dias". (Gn 1, 1-31; 2, 1-2). Indicava perfeição e totalidade. Quando Pedro perguntou a Jesus se deveria perdoar o irmão até "sete vezes", o Senhor respondeu-lhe: "Não te digo até sete, mas até setenta vezes sete" (Mt 18, 21-22).

Como bem se vê, aí não se trata de quantidade de vezes, mas de perdoar "infinitamente", ou seja: sempre. Quer dizer que o perdão deve ser completo.

DEZ - O número dez entrou na lista dos números perfeitos, apesar de não ser ímpar, porque dez são os dedos das mãos. E essa era a maneira primitiva de se contar.

DOZE - Era um número simbólico porque o ano divide-se em doze meses. Indica plenitude e perfeição. As tribos de Israel eram doze (Gn 35, 22-26). Os Apóstolos eram doze (Mt 10, 1-5). A Nova Jerusalém, mencionada no Apocalipse, tem doze portas guardadas por doze anjos. A Cidade Santa tem doze mil estádios (Cf. Ap cap. 12). E o número dos eleitos era 144 mil, sendo doze mil de cada uma das doze tribos de Israel (Ap 7, 4-8).

Como se vê, o número doze, que em si já é perfeito, multiplicado por mil dá a idéia de plenitude; e doze mil multiplicado por doze vem dar a idéia de perfeição máxima, ou de vitória completa de Cristo e de felicidade plena dos bem-aventurados na Jerusalém celeste.

PERGUNTAS

1 - Que outro significado tinham os números para os antigos?
2 - Que significava uma longa vida?
3 - Por que os números ímpares eram mais perfeitos que os pares?
4 - Quais os números mais significativos para os antigos?
5 - Por que o dez e o doze entram na lista dos números perfeitos?
6 - Que significa 144 mil na linguagem bíblica?

O NOME DE DEUS NA BÍBLIA

Quando Jesus nasceu, foi-lhe dado o nome de "Jesus" (Mt 1, 25). Antes disso, porém, não se encontra na Bíblia nenhum lugar onde se dê um nome a Deus. Mesmo quando Moisés perguntou a Deus qual era o Seu nome, Deus não lhe disse propriamente qual o Seu nome, mas usou de uma expressão em lugar do nome. Por que será?

A razão é a seguinte: para os semitas o nome não era apenas uma palavra externa com a qual chamamos alguém. O nome possuía um conteúdo interior. Deveria significar aquilo mesmo que a pessoa era no íntimo de seu ser. O nome equivalia à vida mesma da pessoa. Não ter nome era a mesma coisa que "não ter existência".

Daí a dificuldade de se chamar a Deus por um nome. Quem poderia penetrar o íntimo do Ser divino? Quem teria conhecimento dos Mistérios da natureza de Deus? Por isso, Deus era "inefável", isto é: indizível, impossível de ser compreendido e mencionado. Não havia palavras que pudessem traduzir o Ser de Deus. Razão por que não poderia haver um nome para Ele.

Por isso, quando Jesus envia os discípulos para pregar e batizar "em seu nome", é como se o próprio Cristo estivesse pregando e batizando. Pois agir "em nome" de alguém, na linguagem bíblica, significa agir em lugar daquela pessoa. O Concílio Vaticano II diz que o padre age "in persona Christi". Quer dizer: age no lugar da Pessoa mesma de Jesus Cristo. Aliás, o próprio Cristo falou isso, quando enviou os Apóstolos a pregar em seu nome, dizendo-lhes:

"Quem vos recebe, a mim recebe.
E quem me recebe,
recebe Aquele que me enviou" (Mt 10, 40)
"Quem vos ouve, a mim ouve.
E quem vos rejeita, a mim rejeita.
E quem me rejeita,
rejeita Aquele que me enviou" (Lc 10, 16)

Mas, se não vamos encontrar na Bíblia um "nome próprio" para Deus, encontramos, contudo, certas expressões que designavam a Pessoa divina. Eis as mais conhecidas:

Elôhim - É o plural de "El". Ao pé da letra, significa: os deuses. Mas o sentido que se dá é este: O Senhor (Ex 18, 11)

ADONAI - Quer dizer: meu Senhor; ou: meu Deus; ou: meu Mestre. Como no caso anterior, é a forma plural de "Adôni" (meu Senhor), (Dt 3, 24).

ELYON - A palavra "El-Elyon", traduzida ao pé da letra, significa: a parte mais alta de um lugar. Por exemplo, da porta. Essa palavra, porém, é usada para dizer: "o Deus Altíssimo" de Abraão ou dos arameus (Gn 14, 18-22; Nm 24, 16).

SADDAI - É uma palavra que significa: "o Todo Poderoso", "o Senhor". Exemplo: "Pelo Deus de teu pai, que te socorre. Por El Saddai, que te abençoa" (Gn 49, 25). O Livro de Jó emprega 31 vezes o nome "Saddai".

JAVÉ - É o nome que Deus deu a si mesmo, quando Moisés lhe perguntou qual o Seu nome. Mas não é propriamente um nome. "Javé" (Jaheweh) quer dizer: "Eu sou aquele que sou" ou "Eu sou aquele que é" (Ex 3, 14).
Alguns vêem nessa expressão, "EU SOU O QUE SOU", uma afirmação de que Deus existe por si mesmo, enquanto os deuses dos pagãos não passavam de estátuas feitas pelas mãos do homem. Também tem o sentido de um Deus-Presente, que é fiel

e está sempre junto de seu Povo.

"Jeová" - De onde vem "Jeová"? Que significa? Jeová é uma tradução errada de "Yahweh" (Javé). E a explicação é a seguinte. Os judeus tinham excesso de respeito com o nome de Deus. O segundo mandamento do Decálogo não permitia que se pronunciasse o nome de Deus em vão (Ex 20, 7; Lev 24, 16). Então, por medo de usar indevidamente um nome tão sagrado, os judeus passaram a escrever "Javé" somente com as quatro consoantes, sem as vogais. Então ficou: YHWH. Posteriormente eles colocaram nessas quatro consoantes as vogais da palavra "Adonai", que quer dizer Senhor. E nessa transcrição, feita na língua deles, o "a" passou a ser "e", de onde surgiu "Yehowah" (Jeová) em lugar de Yaheweh (Javé). Portanto, Jeová é uma tradução errada de Javé, mas tem o mesmo significado. Quer dizer "o Senhor" ou simplesmente "Deus".

Os israelitas tinham muito respeito pelo nome de Deus, de tal modo que até evitavam pronunciar a palavra "Deus". Tanto é que São Mateus, que dirigiu o seu Evangelho especialmente aos judeus, não fala "Reino de Deus", mas "Reino dos céus" (Mt 4, 17).

PERGUNTAS

1 - Qual o sentido do nome para os semitas?
2 - Por que era impossível dar um nome a Deus?
3 - Que significa "em nome" de alguém na Bíblia?
4 - Quais os "nomes" dados a Deus na Bíblia?
5 - Que quer dizer "Javé"?
6 - Por que Mateus fala "reino dos céus"?

O POVO DE ISRAEL: SEU NOME

Em geral, entre os semitas, os nomes próprios significavam a vocação que a pessoa havia recebido de Deus, ou alguma intervenção de Deus na vida da pessoa, como um nascimento providencial ou mudança de profissão por ordem divina.

Assim, por exemplo, "Isaac" quer dizer: "Ele Ri", porque, quando Deus disse a Abraão que iria dar-lhe um filho, Sara começou a rir, visto que estava com quase cem anos de idade. "Jesus" quer dizer: "Javé é Salvação". "Malaquias" quer dizer: "Meu Mensageiro". "Moisés" quer dizer: "Tirado da água", porque foi encontrado num cesto sobre as águas do rio Nilo.

Quando uma pessoa mudava de profissão por intervenção divina, mudava-se também o seu nome. Em geral, o novo nome significava a nova missão recebida de Deus. Por exemplo, Abrão (Abrâm) significava: "Pai Elevado". Mas, quando Deus o chamou para dar origem ao seu Povo, ele passou a chamar-se "Abraão" (Abrahâm), que quer dizer: "Pai das Multidões" (Gn 17, 5) Assim aconteceu também com São Pedro. Seu nome de família era Simão (Mt 10, 2). Depois, em vista de vir a ser a pedra-base da Igreja, Jesus mudou-lhe o nome para "Kefâ", que quer dizer "Pedra" ou "Rocha" (Jo 1, 42).

Com Jacó, filho de Isaac, deu-se coisa parecida. Seu nome de origem era Jacó. Mas, depois que lutou com um personagem misterioso no vale de Jaboc e saiu vencedor, esse mesmo personagem (um anjo) mudou-lhe o nome para "Israel", que quer dizer: "Deus é forte" ou então: "ele luta com Deus", ou "que Deus lute" (Gn 32, 25-30).

Esse novo nome de Jacó passou depois para a sua descendência, que ficou simplesmente chamada "Povo de Israel" ou simplesmente "Israel". Como se sabe, Jacó teve doze filhos, os quais formaram as doze tribos de Israel. Muitas vezes, na Bíblia, referindo-se ao Povo de Israel, fala-se simplesmente "Israel", como se se tratasse de uma pessoa. Exemplo:

"Um dia Jacó lançará raízes,

então Israel produzirá botões e flores,
e todos colherão muitos frutos" (Is 27, 6).

O Povo de Israel é também chamado Povo Hebreu. Já vimos que, segundo uma tradição, a palavra "Hebreu" vem do nome do Patriarca Heber (Ébher), um dos filhos de Sem, que por sua vez era um dos três filhos de Noé. É por isso que se diz que os hebreus são um povo "semita".

O Povo de Israel é ainda chamado Povo Judeu. A palavra "judeu" vem de "Judá", que era o quarto filho de Jacó, do qual se formou a Tribo de Judá. Judeu é sinônimo de "judaíta". Lembramos que "Judá" só se torna nome de povo a partir do profeta Jeremias, para se distinguir dos estrangeiros e sobretudo dos israelitas do antigo Reino do Norte. A partir do cativeiro de Babilônia, a prática religiosa dos judeus passou a chamar-se "Judaísmo".

Muitas vezes, para designar o Povo de Israel, nós dizemos simplesmente "Povo de Deus" ou "Povo Eleito", por ser um Povo escolhido por Deus a fim de, nele e através dele, construir a História de nossa Salvação. Era o único povo que possuía uma religião revelada por Deus, antes da vinda de Jesus.

Os israelitas tiveram sua origem em Abrão. Esse extraordinário Patriarca é por isso chamado "Pai do Povo de Deus". Com Abraão Deus fez uma Aliança, a qual deveria passar a todos os seus descendentes: Isaac, Jacó, etc. Abraão era um arameu que habitava a região dos confins do deserto da Síria. Por volta do ano 1850, antes de Cristo, Abraão mudou-se da região de Ur para Haran, entre o Tigre e o Eufrates. Mais tarde, aí pelo ano 1800, descerá para a Palestina, atendendo ao chamado de Deus.

PERGUNTAS

1 - Quando se mudava o nome entre os hebreus?
2 - Que quer dizer "Jesus"? E "Abraão"?
3 - Explique a mudança do nome de Pedro.
4 - Por que se diz "Povo de Israel"?
5 - Quais os outros nomes de "Povo de Israel"?
6 - Por que os hebreus são um povo "semita"?

A "ALIANÇA" NO ANTIGO TESTAMENTO

Antes de falarmos dos Livros da Bíblia, lembramos que ela se divide em duas partes distintas: o Antigo Testamento e o Novo Testamento. Na Escritura Sagrada a palavra "Testamento" tem o sentido de "Aliança". Tanto é que podemos dizer Antiga Aliança e Nova Aliança.

Na verdade, toda a Bíblia gira em torno da Aliança de Deus com os homens. Ao fazer tais alianças, Deus sempre usou de intermediários, como Noé, Abraão, Moisés e outros. Contudo, a Aliança não era somente com tais pessoas, e sim com todo o Povo de Deus.

Mas que significa "aliança"? Na Bíblia Sagrada, "Aliança" é um contrato muito especial. Um pacto de amor entre pessoas. Um compromisso de fidelidade entre Deus e os homens. Essa aliança foi sempre "selada" com um sinal visível.

É mais ou menos o que acontece no casamento. A verdadeira aliança entre o noivo e a noiva é invisível, porque é feita no coração. É um compromisso de amor e fidelidade que fazem entre si, para sempre. Mas, para tornar público esse compromisso, eles expressam seu amor por palavras, perante a comunidade. E, além disso, usam um sinal externo que levam no dedo: uma "aliança" de metal, que serve para lembrar o compromisso de amor.

Assim também acontece na Aliança de Deus com os homens. Existe sempre um sinal externo que vem "selar" esse pacto de amor. Por exemplo, após o dilúvio, Noé ofereceu um sacrifício ao Senhor sobre um altar. Então Deus disse a Noé e seus filhos:

"Vou fazer uma aliança convosco
e com a vossa posteridade.
Ponho o meu arco sobre as nuvens
e ele será o sinal da aliança que faço
entre mim e a terra" (Gn 9, 9.13)

Com Abraão, o sinal da Aliança foi feito através das carnes das vítimas divididas ao meio (Gn 15, 1-18). Com Moisés, a Aliança ficou gravada na pedra da Lei, que se chamou Decálogo. "Decálogo" é uma palavra que significa "dez sentenças". Assim se chamou, porque era constituído de Dez Mandamentos. Esses mandamentos ou preceitos foram ditados por Deus a Moisés no Monte Sinai.

Mas essa Aliança gravada na pedra teve também uma espécie de "selo": foi o sangue dos animais. Os israelitas ofereceram a Deus um sacrifício de bois. Moisés derramou metade do sangue sobre o altar e depositou a outra metade numa bacia. Em seguida apresentou o Decálogo ao povo e o leu publicamente. Acabada a leitura, todo o povo respondeu:

"Nós faremos tudo o que o Senhor disse
e seremos obedientes".
Então Moisés tomou o sangue
e com ele aspergiu o povo, dizendo:
"Eis o sangue da Aliança que o Senhor fez convosco
conforme tudo o que foi dito" (Ex 24, 7-8)

Pensemos hoje no significado de nossa Aliança com Deus. Na linguagem bíblica, toda infidelidade à Aliança era considerada um adultério, como no casamento. Será que estamos sendo fiéis a Deus? Meditemos nisto que o Senhor disse pelo profeta:

"Porventura uma nação troca seus deuses?
(os quais nem são deuses!)
Meu povo, contudo, trocou o seu verdadeiro Deus
por aquele que nada é.
Ó céus, pasmai, tremei de espanto e horror!
diz o Senhor.
Porque meu povo cometeu uma dupla perversidade:
abandonou-me a mim, fonte da água viva,
a fim de cavar, para si, cisternas:
cisternas partidas que não retêm a água" (Jr 2, 11-13)

PERGUNTAS

1 - Que é "Testamento", na Bíblia?
2 - Que significa "Aliança"?
3 - A que se compara a Aliança?
4 - Por meio de quem Deus fez Aliança no Antigo Testamento?
5 - Quais foram os "sinais" da Aliança no Antigo Testamento?
6 - Você é fiel à Aliança com Deus?

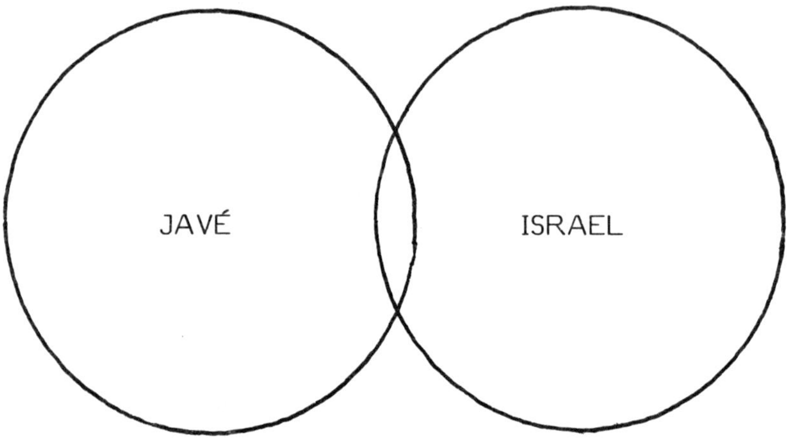

Todo o Antigo Testamento girava em torno da Aliança. Essa "Aliança" era como que o "fio condutor" do Povo de Deus em toda a sua longa história. Israel existia para viver a Aliança com seu Deus Javé.

A NOVA ALIANÇA

Certa vez um artista pintou um rosto de Cristo que ficou muito famoso. Toda a arte estava no jogo de luz. Se tirasse daquele rosto a combinação da luz e da sombra, ficaria um rosto indefinido. A luz de um lado e a sombra de outro faziam aparecer bem a figura impressionante de Jesus de Nazaré.

Podemos tirar daí uma comparação. A sombra é o Antigo Testamento e a luz é o Novo Testamento. Os dois se completam para nos ajudar a reconhecer em Jesus o Salvador prometido. Todas as alianças realizadas no Antigo Testamento foram como etapas na caminhada para a Nova e Definitiva Aliança. Diríamos que o Novo Testamento não apenas "completa" o Antigo, mas "realiza" toda a Promessa de Deus e as esperanças dos homens em termos de Salvação.

O próprio Antigo Testamento nos afirma isso pela boca do profeta, que assim anunciou:

"Dias virão, diz o Senhor,
em que firmarei Nova Aliança
com as casas de Israel e de Judá.
Será uma Aliança diferente daquela que realizei
com seus pais no dia em que os tirei do Egito,
a qual eles violaram,
apesar de eu ter permanecido fiel.
Eis a Aliança que naquele dia farei
com a casa de Israel, diz o Senhor:

Porei a minha lei em seus corações
e a imprimirei em seu espírito" (Jr 31, 31-33)

São Paulo afirma que tudo isso cumpriu-se em Jesus Cristo (Hb 8, 8-12). E diz que a Nova Aliança é superior, porque Jesus mesmo é o "penhor" dessa Aliança (Hb 7, 22). No Antigo Testamento a Aliança foi gravada na pedra e selada com sangue de animais. Ao passo que a Nova Aliança é gravada no Espírito e selada com o sangue de Jesus. O próprio Cristo nos fala isso. Na Ceia da quinta-feira santa, Ele tomou o cálice com vinho, deu graças e disse aos discípulos:

"Bebei dele todos, porque isto é o meu sangue.
O sangue da Nova Aliança,
que é derramado por muitos
para a remissão dos pecados" (Mt 26, 27-28).

Outra característica da Nova Aliança é que ela não é feita somente com o Povo de Israel. É uma Aliança Universal, aberta a todos os homens que aceitarem a proposta da Salvação trazida por Jesus.

Mas a grande novidade da Nova Aliança é que ela não é feita simplesmente "por" Jesus, mas "em" Jesus. A Pessoa de Jesus, pelo próprio fato da Encarnação, já reúne em Si os dois dados da Aliança: a Divindade e a Humanidade. Por ser Deus e Homem, Cristo já é, Ele mesmo, a realização da Aliança de Deus com os homens. Para ser salvo, basta que o homem aceite Jesus como tal e nele creia.

PERGUNTAS

1 - Como se completam o Antigo e o Novo Testamento?
2 - Em quem se realiza o Antigo Testamento?
3 - Quem é o "penhor" da Nova Aliança?
4 - Com que é "selada" a Nova Aliança?
5 - O Novo Testamento é uma "complementação" do Antigo?
6 - Por que Jesus é "Ele mesmo" a Aliança?

A FIGURA DO MESSIAS NO ANTIGO TESTAMENTO

O Povo de Israel é um povo que viveu de esperança, porque acreditou na Palavra de Deus que lhe prometeu enviar o Salvador. Essa Promessa e essa esperança passaram de geração em geração, até o nascimento de Jesus. Tanto é que o velho Simeão aguardava ansiosamente esse dia. E, quando pegou Jesus Menino nos braços, exclamou:

"Agora, Senhor, deixai vosso servo ir em paz,
segundo a vossa palavra.
Porque os meus olhos viram a Salvação" (Lc 2, 29-31).

Sem Jesus o Antigo Testamento não seria entendido. Da Face de Cristo projeta-se uma luz que clareia todas as Alianças antigas, e nos ajuda a entender tudo aquilo que a seu respeito foi anunciado. Sem Jesus o Antigo Testamento seria uma Promessa não cumprida, uma esperança frustrada, uma Aliança desfeita, uma história inacabada.

Na Antiga Aliança o Messias foi visto parceladamente, cada vez sob um aspecto. Ora como profeta (Dt 18, 15), ora como sacerdote (Sl 110 (109), 4), ora como "Filho do Homem" (Dn 7, 13), ora como Rei vitorioso, conforme escreve o salmista:

"Com a tuba e a trombeta elevai aclamações
na presença do Senhor Rei.
Que os rios aplaudam,
que as montanhas exultem de alegria
diante do Senhor que chega,
porque Ele vem para governar a terra. . ." (Sl 97, 6.8-9).

O Livro de Isaías, no entanto, fala do Messias dizendo que Ele será um Servo extremamente humilhado:

"Era desprezado, era o lixo da humanidade. . .
ferido por Deus e humilhado. . .
Foi maltratado e resignou-se,
não abriu a boca. . ." (Cf Is 53, 3-7).

Ezequiel, por sua vez, anuncia um Messias que será Pastor de rebanho. Ele coloca na boca do Salvador estas palavras:

"Vou eu mesmo cuidar das minhas ovelhas,
vou velar sobre elas. . .
Eu as apascentarei em boas pastagens.
Sou eu que apascentarei as minhas ovelhas,
sou eu que as farei repousar,
diz o Senhor Deus" (Ez 34, 11-15).

Na verdade, Jesus foi tudo isso: Profeta (MT 21, 11), Sacerdote (Hb cap. 7), Filho do Homem (Mt 17, 21-22). Essa expressão "Filho do Homem" aparece 81 vezes nos Evangelhos. Jesus aplica tal título a Si mesmo, pois condiz bem com o Mistério de um Deus feito Homem. É um título que diz muita coisa, e foge dos conceitos comuns, evitando assim que Jesus seja limitado aos conceitos tradicionais dos homens.

Jesus foi também Rei vitorioso, pois, ressuscitando dos mortos, venceu o pior dos inimigos: a morte (Mt cap. 28). O próprio Cristo disse a Pilatos: "Eu sou rei" (Cf Jo 18, 37). Igualmente Jesus foi o Servo extremamente humilhado e desfigurado sob a cruz (Mt 27, 27-49).

Mas o título que parece ficar melhor para Jesus foi o de Pastor. Ele mesmo se identificou com o "Bom Pastor", dizendo:

"Eu vim para que as ovelhas tenham a vida,
e para que a tenham em plenitude.
Eu sou o bom pastor.
O bom pastor dá sua vida pelas suas ovelhas" (Jo 10, 7-11).

PERGUNTAS

1 - Por que o Povo de Israel viveu de esperanças?
2 - Que seria o Antigo Testamento sem Jesus?
3 - Como foi visto o Messias no Antigo Testamento?
4 - Mostre como Jesus realizou as seis figuras do Messias.
5 - Que disse Jesus de si mesmo?
6 - Você crê que Jesus é o Filho de Deus?

Cristo Rei

Cristo Pastor

Cristo Servo

A NOVA E A ANTIGA ALIANÇAS

Não podemos desprezar o Antigo Testamento com o pretexto de exaltar o Novo. Não é uma roupa velha que se joga fora, só porque chegou a nova. A Palavra de Deus é tão verdadeira no Antigo Testamento quanto no Novo.

Mas devemos reconhecer que a Antiga Aliança está para a Nova como os símbolos e as figuras estão para a realidade. É a mesma Escritura que diz:

"Ninguém vos julgue por questões de comida e de bebida
ou a respeito de festas anuais
ou de lua nova ou de sábados,
que são apenas sombra das coisas que haviam de vir.
A realidade é o corpo de Cristo" (Cl 2, 16-17).
Se alguém está em Cristo, é nova criatura.
Passaram-se as coisas antigas" (2 Cor 5, 17).

A Aliança Antiga é a promessa; a Nova é a sua realização. A Aliança Antiga é a aurora; a Nova é o dia. São Pedro fala que a palavra dos profetas é

"como a luz que brilha em lugar escuro
até que raie o dia" (2 Pd 1, 19)

A Nova Aliança é tão superior à Antiga quanto Cristo é superior a todos aqueles que o anunciaram. Jesus não apenas anunciou a Salvação: Ele "é" a Salvação. Ele mesmo disse:

"Eu sou a porta.
Quem entrar por mim será salvo. . ." (Jo 10, 9)

Jesus não apenas ensina o caminho: Ele "é" o caminho. Jesus não apenas "diz" a verdade: Ele "é" a Verdade. Jesus não traz a vida: Ele "é" a Vida. Por isso, ele mesmo disse:

"Eu sou o caminho, a verdade e a vida.
Ninguém vai ao Pai senão por mim" (Jo 14, 6).

Diferente de todos os profetas, Jesus não apenas anuncia a ressurreição e a vida eterna. Ele mesmo "é" a Ressurreição e a vida eterna, conforme suas próprias palavras dirigidas a Marta:

"Eu sou a Ressurreição e a Vida.
Quem crer em mim, ainda que morra, viverá" (Jo 11, 9).

Cristo é a plena realização da Antiga e da Nova Alianças. Nada mais se espera além de Jesus Cristo. Nenhuma apelação será feita fora e acima dele. Pois:

"Em nenhum outro há salvação,
porque, debaixo do céu,
nenhum outro nome foi dado aos homens
pelo qual possamos ser salvos" (At 4, 12)

Jesus é o ponto máximo na História de nossa Salvação. É Ele quem julgará toda humanidade. Ele mesmo disse:

"Eis que venho em breve,
e a minha recompensa está comigo,
para dar a cada um segundo as suas obras.
Eu sou o Alfa e o Ômega,
o primeiro e o último,
o princípio e o fim" (Ap 22, 12-13).

O "alfa" é a primeira letra do alfabeto grego, e o "ômega" é a última. Dizendo que é o "alfa e o ômega", Jesus afirma que nada existe fora Dele e sem Ele, e que tudo caminha para Ele, pois é o Senhor da História.

PERGUNTAS

1 - Como o Antigo Testamento se relaciona com o Novo?
2 - A Nova Aliança é superior à Antiga? No quê?
3 - Como Cristo é superior aos que o anunciaram?
4 - Que disse São Pedro, nos Atos, sobre Jesus?
5 - Que quer dizer "alfa e ômega"?
6 - Jesus é o "Senhor" em sua vida?

Em Cristo realiza-se a Nova e Eterna Aliança, prefigurada no Antigo Testamento. Ele é o "Alfa" e o "Ômega". (Alfa e Ômega são a primeira e a última letras do alfabeto grego). Significa que Jesus é o começo e o fim de todas as coisas.

SÍNTESE DA HISTÓRIA DO POVO DE ISRAEL

Nós colocamos datas, mas do início até a entrada na Terra de Canaã (ano 1.200 antes de Cristo), essas datas são apenas "aproximativas" e não históricas, pois, na verdade, não se sabe ao certo. São mais "pontos de referência" do que propriamente datas. A partir dos Juízes (1.200 antes de Cristo), as datas são reais.

1850 - Por volta do ano 1850 antes de Cristo, Abraão mudou-se de Ur, na Caldéia, para Haran, que fica entre os rios Tigre e Eufrates.

1800 - Aí pelo ano de 1800, atendendo ao chamado de Deus, Abraão foi morar na Palestina, ou Terra de Canaã, a terra que o Senhor lhe havia prometido.

1700 - Mais ou menos pelo ano 1700, Jacó e seus filhos foram para o Egito, onde já estava José, que tinha sido vendido pelos irmãos. No começo, enquanto José era Vice-Rei do Egito, os israelitas gozavam de liberdade. Mas, depois de 400 anos, o Povo de Deus estava submetido à dura escravidão na terra dos Faraós. Os hebreus amassavam o barro nas olarias do Egito, sem gozar de direito algum no país.

1300 - Aí pelo ano de 1300, por ordem de Deus (Javé), Moisés tira o Povo de Israel da escravidão do Egito. E vai à frente do Povo de Deus a caminho da Terra de Canaã ou Terra Prometida, que tinha sido o berço do Povo de Israel. Os hebreus peregrinaram pelo deserto durante 40 anos.

1240 - Nessa época, Deus renovou a sua Aliança com os descendentes de Abraão. O Decálogo, que continha a Lei da Aliança, foi entregue a Moisés no Monte Sinai.

1200 - Moisés não chegou a entrar na Terra de Canaã. Morreu quando estava avistando as Montanhas da Terra Prometida. Então, Josué foi quem se pôs à frente do Povo de Israel e, depois de muitas batalhas com povos vizinhos, conseguiu tomar posse da Terra de Canaã, aí pelo ano 1200 antes de Cristo.

1200 - Esse foi o período em que o Povo de Deus foi governado pelos Juízes. Um período de 75 anos. Samuel foi o último Juiz de Israel. Os Juízes eram líderes que assumiam a defesa de uma ou mais tribos de Israel, quando atacadas por povos vizinhos. Então o Juiz se constituía um governador, com forte autoridade.

1025 - Termina aqui o período dos Juízes. Samuel foi o último Juiz de Israel. Embora muito contra a sua vontade, começa o período dos Reis.

1030 - Tem início o período do Reino. O primeiro Rei de Israel foi Saul, ungido por Samuel. Mas Saul não mereceu a confiança do Povo nem as bênçãos de Deus.

1000 - Para substituir Saul, foi ungido o famoso Rei e profeta Davi. Homem que marcou a história do Reino de Israel com sua grandeza de alma. Foi quem escreveu a maioria dos Salmos da Bíblia. Teve grandes pecados, mas soube pedir perdão publicamente. Por esse tempo deu-se a tomada de Jerusalém.

971 - Nesse tempo Salomão é Sagrado Rei de Israel. Tornou-se célebre pela sua grande sabedoria. Foi ele quem começou a construção do famoso Templo de Jerusalém. Aí o Reino ou Monarquia chegou ao seu ponto máximo.

930 - Deu-se nesse ano a divisão do Reino. Constituiu-se o Reino do Norte (Samaria) e o Reino do Sul (Judá). A capital do Reino do Norte era a cidade de Samaria, e a capital do Reino do Sul era Jerusalém. Essa cisão vai até o ano 722.

746 - Começa o longo período dos profetas. Isaías, o maior deles, começa a profetizar, a denunciar as injustiças e a predizer a vinda do Messias. Isaías e Miquéias profetizam no Reino do Sul. No Reino do Norte profetizam: Elias e Eliseu, Amós e Oséias.

722 - Nesse tempo dá-se a queda da Samaria. Com isso vem o fim do Reino do Norte, e começa a haver um só Reino em Israel.

727 - De 727 a 699 reina Ezequias, o rei piedoso. Por esse tempo acaba de ser fundada a cidade de Roma.

641 - De 641 a 611 reina Josias, o rei zeloso da Lei de Deus. Seu nome significa: "Aquele que Deus fortifica". É filho de Acaz.

626 - Nessa época profetizam: Sofonias, Naum, Habacuc, Jeremias e Baruc. Jeremias profetiza a queda de Jerusalém.

587 - Nesse ano dá-se a queda de Jerusalém, predita pelo profeta Jeremias. Milhares de israelitas são deportados para Babilônia. No Exílio profetizam: Ezequiel e Daniel.

538 - Ciro, rei da Pérsia, derrota os babilônios e decreta a volta dos exilados de Israel. O povo hebreu chora ao ver a cidade e o templo destruídos.

520 - Ageu e Zacarias profetizam. Unem o povo, e o templo é reconstruído. Por essa época começa a profetizar também Malaquias.

445 - Neemias reergue os muros de Jerusalém. Houve uma oposição da Samaria para a reconstrução das muralhas de Jerusalém.

398 - O sacerdote Esdras dedica-se à restauração da comunidade dos judeus em Jerusalém. Era também escriba e conseguiu realizar a nova promulgação da Lei.

331 - Começa um breve período de dominação grega. Mas no ano 323, Israel fica sob o domínio dos Egípcios. (Dinastia dos Ptolomeus)

200 - Começa a famosa tradução do Antigo Testamento para o grego, feita pelos 70 sábios de Alexandria.

198 - Os judeus ficam sob o domínio dos sírios (Dinastia dos Selêucidas).

175 - Antíoco IV promove forte perseguição religiosa contra os judeus.

167 - Os irmãos Macabeus oferecem grande resistência.

63 - Esse ano marca a tomada de Jerusalém por Pompeu.

40 - Herodes, o Grande, é feito rei dos judeus, por favor dos romanos. Reina até o ano 4 antes de Cristo.

20 - Nova reconstrução do templo.

- Nascimento de Jesus, o Messias anunciado pelos profetas e esperado pelos judeus.

PERGUNTAS

1 - Em que época Abraão foi morar na Palestina?
2 - Quando se deu a saída de Israel do Egito?
3 - Onde e quando Deus deu o Decálogo?
4 - Quais os dois mais famosos reis de Israel?

No mapa, a caminhada de Abraão para a Terra Prometida, saindo de Hur, na Caldéia, passando por Harã e indo até o Egito.

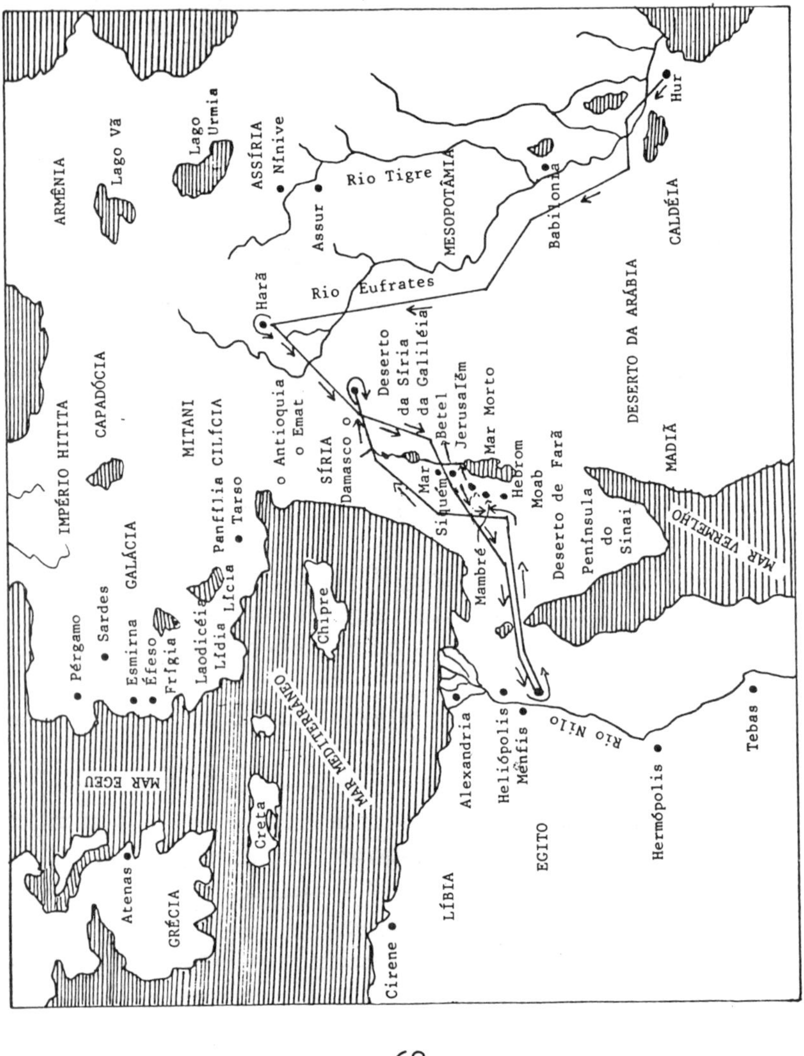

Itinerário do Povo de Deus, do Egito para Canaã. Partindo de Ramsés, os israelitas acamparam em Sucot, Etam, Magdol, Mara, Elim, Dafca, Alus, Rafidim, Cemitério de Gula, Haserot, Retma, Remon-Farés, Rocio, Reunião, Monte Claro, Hesmona Cades, Benê-Jaçã, Vínculos, Cades de Gadgad, Delícia, Passagem, Adiongaber, Salmona, Finon, Fantasmas, Ruínas de Abarim, Dibom Gad, Prado das Acácias e, atravessando o Jordão, chegaram a Jericó.

JESUS CRISTO

Jesus Cristo ocupa o lugar central na mensagem da Bíblia. Todo o Antigo Testamento caminha para Ele. E todo o Novo Testamento gira em torno dele. Jesus de Nazaré é realmente o Messias prometido por Deus através dos profetas. Nele se realiza a "nova e eterna Aliança". O próprio Cristo fez questão de dizer, várias vezes, que nele se realizam as Escrituras Sagradas. Eis como Ele falou aos judeus que duvidavam de sua divindade:

"Vós examinais as Escrituras
porque julgais ter nelas a vida eterna.
Ora, são elas que dão testemunho de mim" (Jo 5, 39)

Vamos dar aqui uma visão geral da vida e da missão de Jesus. Antes, porém, queremos lembrar que os evangelistas não tiveram a intenção de fazer uma biografia do Senhor, mas apenas a preocupação de mostrar que Ele era o Messias prometido. "Messias" é um termo hebraico que corresponde à palavra "Cristo" na língua grega. Quer dizer: "Ungido". Equivale a "Senhor" ou "Santo de Deus".

Nasceu em Belém: Jesus nasceu da Virgem Maria, nos arredores de Belém, na Judéia, a sete km de Jerusalém. Não teve um pai na terra. Seu nascimento foi obra do Espírito Santo (cf. Lc 1, 35). Seu Pai foi o próprio Deus. Jesus mesmo disse: "Saí do Pai e vim ao mundo" (Jo 16, 28a). O que Jesus teve na terra foi um pai adotivo ou tutor. Era o carpinteiro chamado José, residente em Nazaré, na Galiléia.

Dividiu a História: O nascimento de Jesus dividiu a História em duas grandes épocas: "Antes de

Cristo" e "Depois de Cristo". Portanto, a data de seu nascimento deveria ser "ano zero", mas ninguém sabe certo o dia e ano do nascimento do Senhor. Então, convencionalmente, dizemos que Jesus nasceu na 25 de dezembro do ano um da era cristã.

Nasceu pobre: O Evangelho fala pouco da infância de Jesus. Sabe-se que nasceu pobre, numa gruta junto ao campo dos pastores, e foi colocado numa manjedoura, porque José e Maria não acharam lugar na hospedaria, na cidade.

O Menino no Templo: Quarenta dias após seu nascimento, o Menino Jesus foi levado ao Templo de Jerusalém, para fazer a sua apresentação e consagração a Deus (cf. Lc 2, 22-24). Aos doze anos, por ocasião da festa da Páscoa, Jesus ficou perdido no Templo. Foi encontrado depois de três dias (cf. Lc 2, 41-49).

Sua juventude: Se o Evangelho fala pouco da infância de Jesus, de sua juventude não fala nada. Supõe-se que Jesus viveu a sua juventude ajudando José na carpintaria, pois o Evangelho nos diz apenas isto:

"Jesus crescia em estatura,
em sabedoria e graça,
diante de Deus e dos homens" (Lc 2, 52).

Batismo e tentação: Depois disso, o Evangelho só volta a dar notícia de Jesus quando Ele deve estar com seus trinta anos de idade. Fala do Batismo do Senhor no rio Jordão, ministrado por João Batista (cf. Mt 3, 13-17). Fala também que Jesus foi tentado pelo Demônio no deserto (cf. Mt 4, 1-11).

Início da pregação: Em seguida Jesus dá início à sua pregação, anunciando a chegada do Reino de Deus, que é o núcleo central de sua mensagem (cf. Mt 4, 12-17). Nessa ocasião, o Senhor chama os primeiros discípulos e apresenta o resumo da mensagem de seu Reino: as Bem-aventuranças e todo o Sermão da Montanha (cf.Mt cap. 5).

Parábolas e Milagres: Jesus pregou durante três anos. Primeiro na Galiléia, depois na Judéia. Os evangelistas contam que o Senhor fez muitos milagres e contou muitas parábolas. Os milagres sempre foram feitos, não só para curar os enfermos, mas também para provar a divindade de Jesus. As parábolas são comparações que Jesus fazia para chamar a atenção dos ouvintes e transmitir de maneira mais agradável a sua doutrina.

Palavras fortes: Todas as palavras de Jesus foram palavras fortes e ditas com autoridade. Mas os evangelistas registraram certos trechos que nos impressionam. Impressionante é, por exemplo, a acusação que Jesus fez aos escribas e fariseus, chamando-os de "raça de víboras" e "geração adúltera" (cf. Mt cap. 23). Igualmente fortes são as palavras de Jesus a respeito do Juízo Final em Mt 25, 31-46.

Paixão e Morte: No espaço de Evangelho reservado à sua Paixão e Morte, Jesus institui a Eucaristia. A seguir os evangelistas nos contam a traição de Judas, a infidelidade de Pedro, o julgamento iníquo do Senhor, a via dolorosa, as dolorosas cenas do Calvário, o amor e a sepultura de Jesus (Mt cap. 26 e 27).

Sua Ressurreição: A prova da Ressurreição do Senhor tem duas partes: o sepulcro vazio e, sobretudo, a sua aparição às piedosas mulheres e aos discípulos. Aí Jesus dá a eles o poder de perdoar os pecados, de pregar e de batizar (Mt cap. 28 e Jo cap. 20).

Sua Ascensão: A Ascensão do Senhor se deu num campo, para os lados de Betânia. Depois de ter dado a Pedro o poder de chefiar toda a Igreja, Jesus chamou os discípulos e saiu com eles para Betânia. Deu-lhes as últimas recomendações, abençoou-os e elevou-se ao céu (At 1, 4-11).

Seu regresso: A passagem de Jesus sobre a terra não só dividiu a história entre "antes de Cristo" e "depois de Cristo", mas sobretudo sua passagem foi como uma linha divisória que dividiu a humanidade entre bons e maus, entre os que são de Deus e os que não são de Deus. Por isso, no fim do mundo, o Senhor voltará, para julgar vivos e mortos (Mt 25, 31-46).

PERGUNTAS

1 - Com que palavras Jesus disse que Ele é o Messias?
2 - Onde e como nasceu Jesus?
3 - Que diz o Evangelho sobre a infância e a juventude de Jesus?
4 - Que são as parábolas, e para que foram os milagres?
5 - Quais são as palavras "fortes" de Jesus?
6 - Quais são as provas da Ressurreição do Senhor?
7 - Que Jesus nos deixou antes de morrer e de voltar ao céu?
8 - Você está preparado para a volta de Jesus?

Mapa da Palestina no tempo de Jesus. Aí está a terra onde nasceu o Salvador (Belém), a cidade onde Ele cresceu (Nazaré), a cidade onde morou durante algum tempo de sua pregação (Cafarnaum, ao lado do Mar da Galiléia). Aí estão também os caminhos e cidades por onde Jesus passou, bem como a cidade onde morreu (Jerusalém).

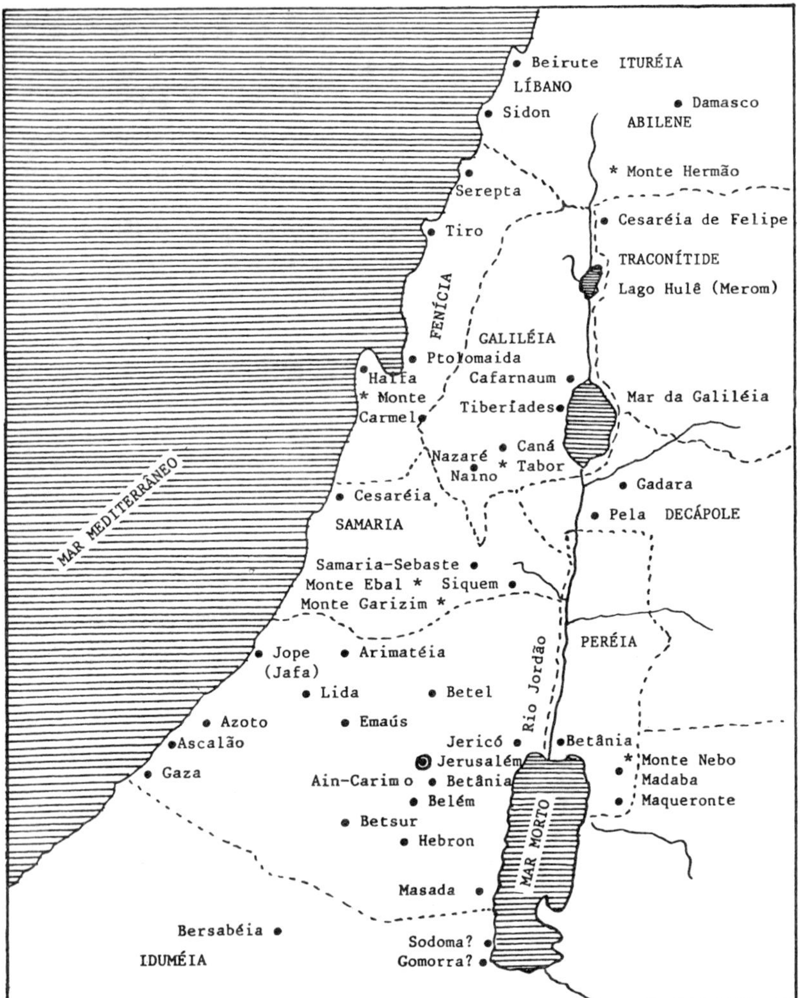

"Se te sentires infeliz, lembra-te:

Eu sou a luz, e não me vês.
Eu sou o caminho, e não me segues.
Eu sou a verdade, e não crês em mim.
Eu sou a vida, e não me procuras.
Eu sou o Mestre, e não me ouves.
Eu sou o Senhor, e não me obedeces.
Eu sou o teu Deus, e não recorres a mim.
Eu sou o teu grande amigo, e não me amas.

Se te sentires infeliz, a culpa não é minha".

QUANDO FORAM ESCRITOS OS LIVROS SAGRADOS?

Nas páginas que seguem, vamos apresentar os Livros da Bíblia segundo aquela ordem em que se encontram na Bíblia, dizendo uma palavrinha de cada um. Mas, antes disso, queremos lembrar que a ordem em que os Livros foram escritos não é a mesma em que se encontram na Bíblia. Na Bíblia eles estão colocados de maneira pedagógica, mais ou menos segundo a ordem dos acontecimentos. Ao passo que um fato acontecido antes, muitas vezes foi narrado depois de outro que aconteceu séculos mais tarde. Por exemplo, aquela narrativa da criação do mundo, que diz "no princípio Deus criou o céu e a terra", encontra-se no comecinho da Bíblia. No entanto foi escrita bem depois que outros Livros.

É quase impossível saber a data em que foram escritos todos os Livros da Bíblia, mas, se quisermos, podemos agrupá-los por épocas em que foram escritos. É o que fazem os estudiosos modernos, agrupando-os em seis períodos, que são:

1 - **Até os reinados de Davi e Salomão,** que reinaram aproximadamente do ano mil até 930 antes de Cristo. A primeira coisa escrita foi o Cântico de Débora, no Livro dos Juízes (Jz 5). Deve ter sido escrito antes do ano mil, pois fala da batalha de Taanac, ocorrida aí pelo ano 1125 antes de Cristo. A seguir vem a descrição do Gênesis: Adão e Eva no Paraíso, a história de Noé, bem como a história dos Patriarcas Abraão, Isaac e Jacó, sua ida para o Egito e o regresso do Povo de Deus para Canaã.

2 - **Depois de Davi e Salomão (930-586):** Nesse período destacam-se os escritos dos profetas. Na primeira metade do século VIII surgiram os Livros de Amós, Oséias, Miquéias e Isaías (cap 1-39). Na segunda metade do século VIII, surgiram os Livros de Jeremias, Sofonias, Naum, Habacuc, além do Deuteronômio.

3 - **Época do Exílio (586-538):** Com a destruição de Jerusalém e do templo, não houve tempo para escrever Livros. Mas no exílio foram escritas muitas coisas, como por exemplo: Salmo 137 (136), o Livro de Ezequiel e a segunda parte de Isaías

(cap 40-55), chamada "Deutero-Isaías". Nesta época o Povo de Deus reescreve toda a sua história passada, como lemos hoje nos Livros de Josué, Juízes, Samuel e Reis.

4 - Primeira etapa após exílio (538-300): Dessa época são os Livros de Ageu e Zacarias, o terceiro Isaías, chamado "Trito-Isaías", que vai do capítulo 56 até o fim, os profetas Malaquias, Jó, Jonas e Cântico dos Cânticos; é completado o Livro dos Salmos, e Provérbios é ampliado, além de ficarem prontos os Livros de Esdras e Neemias. Notamos que apenas nesta época é que ficam prontos os 5 Livros do Pentateuco como os temos hoje.

5 - Segunda etapa após o exílio (300-50): É a época dos Macabeus. Foram escritos: Tobias, Eclesiastes, Eclesiástico e Sabedoria. No último século antes de Cristo, foram escritos Joel, Daniel, Ester, Judite e os dois Livros de Macabeus.

6 - Novo Testamento: O Novo Testamento foi escrito após a morte de Cristo, durante o período que vai dos anos 30 até por volta do ano cem. No Novo Testamento encontramos primeiro os Evangelhos, depois o Livro dos Atos, em seguida as Cartas dos Apóstolos e finalmente o Apocalipse. Mas a ordem de escrita não seria esta. Primeiro o Evangelho foi anunciado de viva voz, resultando daí as primeiras conversões. A seguir, os convertidos reuniram-se em comunidades. Como elemento de catequese dessas comunidades surgem as Cartas dos Apóstolos. E do seio dessas comunidades surgem as redações dos quatro Evangelhos. Portanto, há Cartas que foram escritas antes que os Evangelhos. Notamos que o Cristo é um só, mas os "Evangelhos" são quatro e falam cada um a seu modo a respeito do mesmo Cristo, porque foram escritos em comunidades diferentes.

Estamos dizendo tudo isso para que, se alguém encontrar, em algum Livro da Bíblia, uma data diferente daquela que aprendeu no passado, não fique admirado. O mesmo se diga a respeito dos "autores" dos Livros Sagrados. É uma questão que está continuamente sendo estudada. Muitas vezes o Livro é de autoria de um discípulo, mas coloca-se o nome de um Apóstolo ou de uma autoridade maior, para dizer que aquele Livro merece crédito, como se tal pessoa o tivesse escrito. É o caso da Segunda Carta de Pedro, que na verdade não foi redigida por Pedro, mas por um discípulo seu.

O importante é que Deus falou por meio dessas pessoas e desses escritos. Por isso foram reconhecidos como Palavra de Deus pelo Povo, no Antigo Testamento, e pela Igreja no Novo Testamento.

Assim sendo, vamos apresentar os Livros da Bíblia, um por um, seguindo aquela ordem pedagógica em que se encontram (na Bíblia).

PERGUNTAS

1 - Os Livros na Bíblia estão na ordem em que foram escritos? Explique.
2 - Por ordem de tempo em que foram escritos, como podemos agrupar os Livros Sagrados?
3 - Qual a primeira coisa escrita na Bíblia?
4 - Dentro de que período foi escrito o Novo Testamento?
5 - Por que há quatro Evangelhos?
6 - Na ordem de tempo, como foi o Novo Testamento?

COMO ESTÃO AGRUPADOS OS LIVROS NA BÍBLIA

Dissemos que a Bíblia Sagrada divide-se em Antigo Testamento e Novo Testamento. Ao todo são 73 Livros, estando 46 Livros no Antigo e 27 no Novo Testamento. Na Bíblia, os Livros estão classificados e agrupados, conforme o assunto e o estilo, na seguinte ordem:

Antigo Testamento

Pentateuco: "Pentateuco" é uma palavra grega que significa: "cinco livros". De fato, o Pentateuco reúne os cinco primeiros Livros da Bíblia. Narra as origens do homem e do mundo, a formação do Povo de Israel, sua libertação e Aliança com Deus. O Pentateuco era também chamado "Torá", palavra que quer dizer: "a Lei", porque trata da Lei da Aliança.

Livros Históricos: São 16 os Livros Históricos. Contam a história do Povo de Deus. Uma história feita de bênçãos e de castigos, mostrando sempre a fraqueza do homem e a misericórdia de Deus. Essa história tem como lugar a Palestina, não faltando as amarguras de longos períodos de exílio em terras de pagãos.

Livros Sapienciais: São 7 Livros. Falam não só da sabedoria dos homens, mas sobretudo da experiência do amor de Deus na vida dos indivíduos e da comunidade. Mostram a espiritualidade de um Povo ensinado por Deus. Tais Livros contêm orações, cânticos e poesias, escritos e vividos à luz da fé.

Livros Proféticos: São 18 Livros. Lembramos que "profeta" não é, necessariamente, uma pessoa que prediz coisas do futuro. A palavra "profeta" vem de um verbo grego que significa: "falar em lugar de alguém". Na Bíblia, "profeta" é a pessoa que fala em nome de Deus. Não importa se fala de coisas do futuro ou do presente. O importante é que em nome de Deus os profetas denunciavam as injustiças, consolavam o povo e anunciavam a vinda do Salvador (ou Messias).

Novo Testamento

No Antigo Testamento, toda a história do Povo de Israel girava em torno da sua Aliança com Javé, o seu Deus fiel e justo, que estava infinitamente acima de todos os deuses de seus vizinhos pagãos. O Novo Testamento, por sua vez, gira em torno de Jesus Cristo, o Messias prometido, o qual cumpriu toda a Lei e os Profetas. Todo o Novo Testamento foi escrito pela Igreja, depois que Jesus subiu ao céu. É um conjunto de Livros que nasceram dentro da comunidade cristã. Foram primeiro vividos e depois escritos. Por isso, não podem ser entendidos sem a Igreja. Assim estão agrupados os Livros do Novo Testamento:

Evangelhos: Para dizer a verdade, o Evangelho é um só. Quando falamos "os quatro Evangelhos", estamos nos referindo às quatro redações do mesmo Evangelho, feitas por quatro evangelistas em ambientes diferentes e datas diversas. É neste sentido que podemos dizer: Evangelho de São Mateus, de São Marcos, de São Lucas ou de São João. Os três primeiros são mais semelhantes entre si. Narram quase sempre os mesmos fatos. Por isso, são chamados "Sinóticos".

Os evangelistas não pretenderam escrever uma biografia de Jesus. Seu objetivo principal foi este: provar que, em Jesus, cumpriram-se todas as profecias a respeito do Messias. Por isso, a preocupação dos evangelistas está em mostrar a Divindade de Jesus e a Sua missão divina. O conteúdo central da pregação de Jesus é o "Reino de Deus". Nesse Reino é que está a "novidade". Lembramos que "Evangelho" é uma palavra grega que significa Boa Nova ou "Boa Notícia". É um anúncio espetacular, capaz de criar impacto em seus ouvintes.

Atos: O Livro dos Atos dos Apóstolos conta como tiveram origem e como eram as primeiras comunidades da Igreja. Mostra as lutas e as dificuldades da Igreja nos seus primeiros anos de vida. Destaca, logo no início, a pregação e o testemunho dos Apóstolos sobre a Ressurreição do Senhor.

Epístolas: São 21 as Cartas ou Epístolas. As 14 primeiras são chamadas "Epístolas Paulinas"; as 7 restantes são chamadas "Epístolas Católicas" ou "Universais". Eram dirigidas às primeiras comunidades cristãs. Mostram as fraquezas e as virtudes daqueles nossos irmãos na fé que ora enfrentavam os judeus, ora enfrentavam os pagãos. Como essas Cartas falam das experiências de vida cristã, onde entram a natureza humana e a Graça de Deus, elas servem também para nós, como se fossem dirigidas aos cristãos de hoje. São ricas de ensinamentos e doutrina.

Apocalipse: "Apocalipse" é uma palavra grega. Quer dizer: "revelação". É um Livro profético que nos apresenta revelações feitas por Deus. Usa de figuras e simbolismo. Umas coisas já aconteceram, outras estão por acontecer.

PERGUNTAS

1 - Que é o Pentateuco?
2 - Que significa "profeta"?
3 - Em torno do que girava o Antigo Testamento? E o Novo?
4 - Que significa "Evangelho"? E "Apocalipse"?
5 - Como se chamam os três primeiros Evangelhos?
6 - Existem vários Evangelhos ou um só?

ANTIGO TESTAMENTO: OS 5 LIVROS DO PENTATEUCO

Nas páginas que seguem, vamos apresentar os 73 Livros da Bíblia, segundo aquela ordem em que estão agrupados na Bíblia. Para termos uma visão global da Bíblia, diremos uma palavrinha sobre cada Livro. Comecemos pelo Pentateuco. Como já dissemos, é formado por cinco Livros. Segundo uma tradição, começaram a ser escritos pelo ano de 1250 antes de Cristo. Portanto, há três mil anos aproximadamente. Os cinco Livros do Pentateuco são:

Gênesis: "Gênesis" é uma palavra grega. Quer dizer: "origem". De fato, o Gênesis é o Livro que narra as origens do mundo e do homem, a corrupção da humanidade e o dilúvio. Conta-nos também a formação do Povo de Deus e a história dos Patriarcas: Abraão, Isaac e Jacó.

Destaca-se nesse Livro a Aliança que Deus faz com seu Povo. Essa Aliança foi feita inicialmente no paraíso terrestre, a qual foi rompida pelo pecado de nossos primeiros pais. Depois Deus a renovou com Noé, após o dilúvio (Gn 9, 9.13). Mas sobretudo com Abraão e sua posteridade é que Deus vem estabelecer a sua Aliança (Gn 15, 1-18). É propriamente com Abraão que tem origem o Povo de Deus, que se chamou Povo de Israel.

Êxodo: "Êxodo" é uma palavra latina, que significa "saída". Esse Livro trata, pois, da saída do Povo de Deus do Egito. O povo hebreu, com o passar do tempo, foi se tornando escravo no Egito, que era uma terra de pagãos. Então Deus dá a Moisés a missão de tirar o seu Povo dessa escravidão. O Livro do Êxodo narra como isso aconteceu e como foi a passagem de Israel pelo Mar Vermelho e pelo deserto. Em todos esses acontecimentos, manifestou-se de maneira extraordinária o poder de Deus. Um ponto importante dessa caminhada para a Terra de Canaã ou Terra Prometida é a Aliança realizada no Monte Sinai. Por intermédio de Moisés, Deus institui os Dez Mandamentos, ou Decálogo, que é uma espécie de "Carta" dessa Aliança (Ex 19, 5-6). Esse Livro é uma espécie de coração pulsante do Antigo Testamento, por causa da Aliança, pois no A.T. tudo girava em torno da Aliança. Portanto, sem entender o Êxodo, não se entendem os demais Livros da Bíblia Sagrada.

Levítico: Levi era um dos doze descendentes de Jacó. E Deus consagrou os descendentes de Levi ao serviço do culto divino, tanto os sacerdotes como os Levitas. Daí é que vem o nome do Livro: "Levítico". É um Livro que trata das leis sobre o culto divino. Uma espécie de "ritual" dos sacrifícios oferecidos a Deus naquele tempo. Por isso, as prescrições do Levítico, hoje, não têm mais aplicações.

Números: Chama-se "Números" por causa dos recenseamentos e séries de números nele contidos. Narra a parte final da caminhada do Povo de Israel pelo deserto, do Sinai até a entrada na Terra de Canaã. Supõe que o Povo de Deus já estivesse organizado em doze Tribos. Fala das lutas que os israelitas enfrentaram perante os povos que ocupavam as fronteiras da Palestina ou Terra Prometida.

Deuteronômio: São Leis que devem ser obedecidas fielmente quando o povo entrar na Terra Prometida. Deus promete a bênção e a felicidade a quem for fiel, e promete a maldição e a desgraça a quem for infiel. É belo Livro, que mostra a superioridade de um Povo que tem uma religião revelada por Deus. "Deuteronômio" quer dizer: "Segunda

Lei". Vamos ler e meditar um trechinho do Deuteronômio, onde Deus manda Moisés dizer ao povo estas palavras:

"Ouve, ó Israel: o Senhor nosso Deus é o único Deus!
Portanto, amarás o Senhor, teu Deus,
com todo o teu coração,
com toda a tua alma
e com toda a tua força.
Que estas palavras que hoje te ordeno
estejam em teu coração.
Tu as ensinarás a teus filhos,
e delas falarás sentado em tua casa
e andando em teu caminho,
quando estiveres deitado ou de pé.
Tu as atarás também em tuas mãos como um sinal,
e serão como um frontal entre os teus olhos.
Tu as escreverás nos umbrais de tua casa
e nas tuas portas" (Dt 6, 4-9)

PERGUNTAS

1 - Quais os 5 Livros do Pentateuco?
2 - Que quer dizer "Gênesis" e do que trata o Livro?
3 - Donde vem a palavra Levítico?
4 - Por que se diz Livro dos "Números"?
5 - Qual o conteúdo do Livro dos Números?
6 - Como você vê a "Lei de Deus"? Que idéia faz?

O Povo de Israel tinha como centro de sua história a Aliança com Javé, seu Deus. Essa Aliança foi "selada" pelo Decálogo. Eis porque o Livro Êxodo é de grande importância. A Aliança era como um "casamento" de Israel com Javé. Tanto é que todas as idolatrias praticadas pelos hebreus eram consideradas um "adultério".

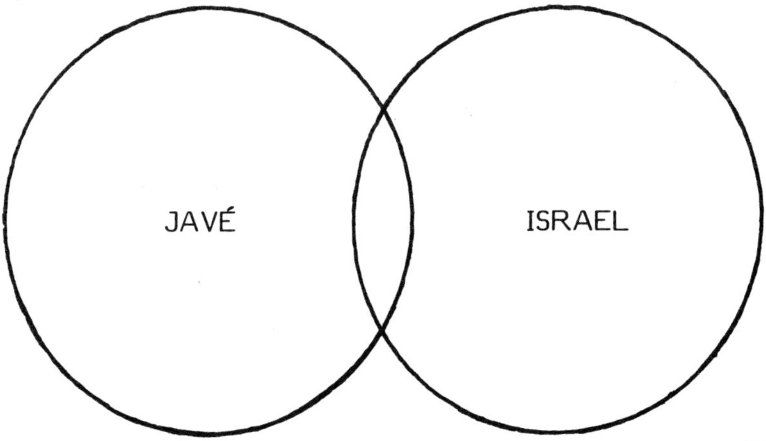

OS 16 LIVROS HISTÓRICOS

Josué: Quando se aproximava da Terra Prometida, Moisés, já velhinho, faleceu. Então Josué conduziu o Povo de Israel até Canaã. Por isso, o Livro que narra a conquista da Terra Prometida chama-se Livro de Josué. Fala das vitórias do Povo de Deus e da partilha da Terra de Canaã às Tribos de Israel.

Juízes: Depois da morte de Josué até a constituição do Reino, num período que durou do século 13 ao século 11 antes de Cristo, as Tribos de Israel eram muitas vezes invadidas por povos inimigos. Então, certos líderes assumiram a defesa do Povo de Deus, tornando-se assim verdadeiros heróis e chefes absolutos de uma ou mais Tribos. Tais chefes chamaram-se "Juízes". O Livro que narra esses episódios recebeu o título de Livro dos Juízes. Não se sabe quem escreveu este Livro.

Rute: Chama-se Livro de Rute porque conta a história dessa mulher chamada Rute, que se casa com Booz. Rute é modelo de piedade e de fidelidade. Ela se torna bisavó do rei Davi, de cuja família vem nascer Jesus. (Mt 1, 5). Sendo Rute uma estrangeira (moabita), ela é um sinal de que Deus quer estender a Salvação a todos os povos e não somente ao povo de Israel.

1 Samuel: Samuel foi ao mesmo tempo profeta e último Juíz de Israel. Foi consagrado a Deus desde a infância e educado pelo sacerdote Eli. Por volta do ano 1200 antes de Cristo, Samuel unifica as Tribos de Israel para poder enfrentar os filisteus. Samuel torna-se assim o chefe político e religioso de Israel. Com muito custo, ele aceita que seja eleito um rei: Saul, a quem ungiu, e que depois foi substituído por Davi.

2 Samuel: No início, "Samuel" era um só Livro. Depois foi dividido em dois. Este Segundo Livro narra o grandioso reinado de Davi. Após a sagração de Davi como rei, Samuel sai fora de cena.

1 Reis: Os Livros dos Reis contam a história dos israelitas a partir da morte do rei Davi (ano 970 antes de Cristo), até a destruição de Jerusalém e a deportação do Povo de Israel por Nabucodonosor, no ano 587 antes de Cristo.

2 Reis: No início, os dois Livros formavam um só. A história dos reis de Israel e de Judá aí narrada não pode ser tomada num sentido rigoroso e científico. Trata-se de uma história no sentido religioso, mostrando os desígnios de Deus.

1 Crônicas: Os Livros das Crônicas, também chamados "Paralipômenos", formavam uma só obra com os Livros de Neemias e de Esdras. Foram escritos aí pelo começo do terceiro século antes de Cristo.

2 Crônicas: Já falamos que no início era um só Livro com o 1 Crônicas. Os Livros das Crônicas mostram que o culto e a fidelidade à Aliança estão bem acima da política e de todas as outras atividades terrenas.

Esdras: Este Livro apresenta-se como uma continuação do Livro das Crônicas. Supõe-se que o autor seja o mesmo. Conta-nos a restauração religiosa de Israel. Isto se deu quando, no ano 538 antes de Cristo, Ciro, rei da Pérsia, autorizou a volta dos judeus para Jerusalém.

Neemias: Forma um só Livro com Esdras. Assim que os judeus regressaram a Jerusalém, começaram a reconstruir o templo. O Livro de Neemias fala também da reconstrução dos Muros de Jerusalém. Bela é a oração de Neemias (cap. 1) e a confissão dos pecados (cap 9 e 10).

Tobias: Este Livro foi escrito na metade do segundo século antes de Cristo. Os dados históricos entram apenas como "pano de fundo". O que mais interessa é expressar de maneira viva e bela a grandeza da piedade e da fé. O jovem Tobias é o exemplo de um israelita justo.

Judite: O Livro mostra que o poder da fé e a confiança em Deus têm mais força que um exército armado. Judite é a jovem israelita fiel à Lei. Crendo em Deus e confiando no poder da oração, ela defende seu Povo.

Ester: Este Livro forma uma unidade com o Livro de Judite. Ambos têm a mesma finalidade. A rainha Ester era esposa de Assuero, rei da Pérsia. Ela intercede e salva os judeus estabelecidos na Pérsia, onde eram duramente hostilizados.

1 Macabeus: Livro histórico que abrange um período de 40 anos: de 175 até 135 antes de Cristo. Conta as lutas empreendidas pelos Macabeus nos anos 166-161 contra os generais sírios, em defesa de Jerusalém. "Macabeu" quer dizer "martelo". Eram 5 irmãos, filhos do sacerdote Matatias.

2 Macabeus: Este Livro foi escrito aproximadamente no ano 100 antes de Cristo. Tem uma finalidade mais edificante do que histórica. Mostra a crença na imortalidade da alma.

PERGUNTAS

1 - Quem foi Josué?
2 - Que se entende por "Juízes" em Israel?
3 - Quem era Samuel e que fez?
4 - Qual o primeiro Rei de Israel? E o segundo?
5 - De que tratam os Livros das Crônicas?
6 - Quem foram os Macabeus, e que significa "Macabeus"?

OS 7 LIVROS SAPIENCIAIS

Jó: Escrito no quinto século antes de Cristo. Num estilo poético, o Livro apresenta o problema do sofrimento. Baseados no Deuteronômio, os judeus achavam que o sofrimento significava castigo e abandono de Deus. O Livro de Jó vem provar que não é assim, pois Jó sofre e é um justo amado por Deus. Este Livro quer nos ensinar a crer e confiar em Deus, mesmo no extremo do sofrimento e da solidão. Certamente esse homem chamado Jó não existiu. Trata-se, pois, de uma espécie de parábola, como o Filho Pródigo.

Salmos: O Livro dos Salmos é um verdadeiro manual de orações para o povo judeu, para Jesus e para nós. A palavra "Salmos" quer dizer: "Louvores". São poesias para serem cantadas. Ao todo são 150 salmos. Boa parte foi composta por Davi, que reinou do ano mil a 972 antes de Cristo.

Provérbios: Parte desse Livro deve ter sido escrita por Salomão, pois a Bíblia diz que Salomão escreveu "sábios provérbios" (1 Rs 4, 29-34). Salomão reinou do ano 972 a 932 antes de Cristo. A linguagem em provérbios é algo muito a gosto dos orientais. Através dessas máximas, o autor fala de um Deus criador e justo, misericordioso e inefável.

Eclesiastes: Não se sabe ao certo quem o escreveu. Mostra a instabilidade e a insegurança da vida presente. Começa dizendo: "Vaidade das vaidades. Tudo é vaidade" (Ecl 1,2).

Mas, no meio desse pessimismo, o Eclesiastes ainda lembra que há muita coisa boa sobre a terra, e que tudo o que é bom vem de Deus. Por isso, precisamos amar a Deus e obedecer aos seus mandamentos.

Cântico dos Cânticos: "Cântico dos Cânticos" é uma expressão que significa: "O canto por excelência", ou: "O mais belo dos cânticos". É um cântico de amor, bem ao estilo oriental. Toma como exemplo o amor do esposo e da esposa, mas o bom israelita já sabe que se refere ao amor de Deus com o seu Povo, com quem fez uma Aliança. Os cristãos pensam no amor de Jesus com sua Igreja. Deve ter sido escrito na primeira metade do quarto século.

Sabedoria: O nome do autor não se sabe, mas foi escrito por um judeu que morava no Egito, na primeira metade do último século antes de Cristo. Não se trata da sabedoria mundana dos filósofos. Pelo contrário. O Livro da Sabedoria quer que não se pense a respeito de Deus à maneira dos pagãos. Trata-se de uma Sabedoria que é Vida e Amor. Uma Sabedoria que procede de Deus. Que se identifica com o próprio Deus. É um Livro bem próximo do Novo Testamento. Fala da imortalidade da alma e do destino eterno do homem, como o Livro Segundo dos Macabeus.

Eclesiástico: Chama-se também "Sabedoria de Jesus, filho de Sirac", ou simplesmente: Livro de Sirac. Foi escrito mais ou menos no ano 120 antes de Cristo. Faz considerações sobre a vida humana. Mostra o valor estável da Lei de Deus, que nos conduz ao que é eterno. É um convite a obedecer aos sábios preceitos divinos. Leva-nos a praticar a virtude e a fugir do pecado. É um Livro válido para judeus e cristãos, pois procura educar o homem para uma vida feliz. Meditemos neste trechinho do Eclesiástico:

"Filho, se te decidires a servir a Deus,
prepara-te para a provação.
Endireita o teu coração e fica firme.
Não te apavores no tempo da adversidade.
Une-te ao Senhor, e dele não te apartes,
a fim de seres exaltado no último dia.
Tudo o que acontecer, aceita-o,
e, nos reveses da vida, sê paciente,
pois o ouro se prova no fogo
e os homens se provam na humilhação.
Confia no Senhor, e Ele te ajudará.
Endireita os teus caminhos e espera Nele". (Eclo 2, 1-6)

PERGUNTAS

1 - Qual o significado do Livro de Jó?
2 - Quem escreveu os Salmos? E quando?
3 - Quem escreveu os Provérbios?
4 - Qual o conteúdo do Livro da Sabedoria?
5 - De que trata o Eclesiástico e qual seu outro nome?
6 - Como você encara o problema do sofrimento?

OS 18 LIVROS PROFÉTICOS

Isaías: É o maior profeta de Israel. Nasceu em Jerusalém, por volta do ano 760. Com 20 anos começou a profetizar. Exerceu essa missão durante aproximadamente 50 anos. É o profeta da justiça. Denuncia as explorações sociais e a idolatria. Fala claramente do Messias.

Lembramos que o Livro de Isaías divide-se em três partes: a primeira vai até o capítulo 39. Seu autor é Isaías. A segunda parte vai do capítulo 40 ao 55. É chamado o "Segundo Isaías". A terceira parte vai do capítulo 56 até o fim. Não se sabe ao certo o autor da segunda e da terceira partes. No capítulo 55 há uma descrição bonita sobre o Messias, chamando-o de Servo Sofredor. Esse escritor é do tempo do Exílio. O nome de Isaías quer dizer: "Deus salva".

Jeremias: Nasceu no ano 650 antes de Cristo. Profetizou durante 40 anos. Foi o "profeta das desgraças". Entre as coisas ruins que predisse, estava a deportação dos judeus. Por isso foi perseguido e humilhado, visto como um derrotista. Ele viu e também sofreu as desgraças que predisse. Tornou-se assim, a figura de Jesus: "o homem das dores". Jeremias lutou pela reforma religiosa.

Lamentações: Livro composto nos anos após a destruição de Jerusalém, em 586 antes de Cristo. Contém orações, lamentações e súplicas, para que, apesar de tantos castigos, o povo volte a confiar em Deus e na Sua Aliança. Este Livro era lido anualmente pelos judeus, no aniversário da destruição do templo.

Baruc: O profeta exorta o povo a fazer penitência. Além de ser um poema à Sabedoria divina, é também um convite à coragem, à resignação e à esperança. "Baruc" quer dizer: "abençoado". Foi secretário de Jeremias.

Ezequiel: "Ezequiel" quer dizer: "aquele que Deus faz forte". Quando Jerusalém foi tomada por Nabucodonosor, no ano 599 antes de Cristo, o rei, 7 mil soldados e muitos judeus importantes foram levados para o exílio, na Babilônia. Lá, os deportados não sofriam fisicamente, pois não eram escravos. Tinham suas liberdades. Podiam trabalhar, negociar e se organizar em comunidades. O que os fazia sofrer era a distância da Pátria, especialmente as saudades do templo. No começo era-lhes uma tristeza estarem misturados com os pagãos. Mas, aos poucos, os judeus começaram também a viver à maneira dos pagãos, adotando certos ritos da idolatria.

É no meio desses judeus deportados que o profeta Ezequiel exerce sua missão, procurando levar o povo à fidelidade à Aliança com seu verdadeiro Deus. Tira os judeus dessa acomodação e corrupção. Fala do Messias como de um Pastor que vai apascentar o seu rebanho, e anuncia a restauração de Israel.

Daniel: O autor do Livro é desconhecido. Daniel é o nome de um personagem ideal que sofre no exílio. Tem fé viva e ardor patriótico. É o herói principal da obra. O livro fala de um "reino que jamais será destruído" (2, 44). Deve ter sido escrito durante a perseguição de Antíoco, entre os anos 167-163 antes de Cristo. O autor pretende consolar e animar os que são perseguidos pelo rei.

Oséias: Seu ministério deve ter sido exercido aí pelos anos 750 antes de Cristo. Fala das infidelidades de Israel para com seu Deus, e compara a união de Deus com seu povo ao amor de um noivado. Os 12 Profetas, de Oséias para frente, chamam-se "Profetas Menores".

Joel: Profetizou no reino de Judá e em Jerusalém, onde nasceu. Fala do culto divino e do amor que o Espírito Santo faz brotar em seu povo. Seu ministério tenha, talvez, sido exercido entre os anos 400 a 350 antes de Cristo.

Amós: Era camponês, de alma simples e fervorosa. Pastor de ovelhas nas proximidades de Belém. Deus o chamou para profetizar durante o reinado de Jeroboão II (780-744), antes de Cristo. Amós condena as injustiças sociais que massacram a Samaria, especialmente a corrupção dos juízes e a opressão dos pobres. Ameaça tais injustiças com castigos.

Abdias: Profetizou aí pelos anos 550 antes de Cristo. Anunciou castigos contra Edom, ou idumeus, e o triunfo de Israel no dia de Javé, porque estes (idumeus) se aproveitaram da ruína de Israel.

Jonas: O Livro deve ser uma espécie de parábola. Mostra que Deus chama à conversão não somente os judeus, mas também os pagãos, os quais ouvem prontamente a voz de Deus.

Miquéias: Nasceu perto de Hebron. Foi contemporâneo de Isaías. Profetizou no fim do século oitavo antes de Cristo. Anunciou a ruína da Samaria (o que aconteceu no ano 722 antes de Cristo). Predisse que o Messias nasceria em Belém (Mq 5, 2).

Naum: O profeta fala da grandeza de Deus e do poder com que o Criador governa o mundo. Alegra-se com a queda de Nínive, que se deu no ano 608 antes de Cristo.

Habacuc: Profetizou entre os anos 625 a 598. Predisse a invasão iminente dos caldeus. Foi um profeta filósofo. Considera o problema do mal, e diz que, no final, Deus salvará os justos e punirá o mau. Então a terra se encherá do conhecimento de Deus.

Sofonias: Profetizou no reinado de Josias, aí pelos anos 625. Predisse a justiça divina, anunciando o Dia de Deus, ocasião em que seriam punidos todos os maus, pagãos ou judeus. Fala também da felicidade dos tempos messiânicos.

Ageu: Exerceu seu ministério em Jerusalém, por volta

do ano 520, quando era reconstruído o templo. Para ele, todas as desgraças eram causadas pelo fato de o templo estar destruído. Ele anima o povo com as esperanças dos tempos messiânicos. "Ageu" quer dizer: "aquele que nasceu durante a festa" ou "peregrino".

Zacarias: É contemporâneo de Ageu. Prega uma reforma moral e exorta o povo a reconstruir o templo. Fala da vinda do Messias e da conversão das nações.

Malaquias: "Malaquias" quer dizer: "meu mensageiro". Provavelmente profetizou aí pelo ano 444 antes de Cristo. Fala do amor de Deus pelo seu povo. E diz que, se Deus não está concedendo mais bênçãos, é porque está havendo adultério, divórcio, etc.

PERGUNTAS

1 - Que você sabe do profeta Isaías?
2 - Sobre o que foi a pregação de Jeremias?
3 - Quais os dois profetas que pregaram no Exílio?
4 - Que profeta predisse o nascimento de Jesus em Belém?
5 - Jonas era uma pessoa de verdade?
6 - Quantos e quais são os "Profetas Menores"?

NOVO TESTAMENTO: OS 4 EVANGELHOS

Os quatro evangelistas são: Mateus, Marcos, Lucas e João. Marcos e Lucas não fazem parte dos Doze Apóstolos. Conforme uma profecia de Ezequiel (1, 4-10), os evangelistas são representados por símbolos ou figuras, da seguinte maneira:

1 - Mateus é representado pela figura de um **Homem,** porque começou a escrever seu Evangelho dando a genealogia de Jesus.
2 - Marcos é representado pela figura de um **Leão,** porque começou a narração de seu Evangelho no deserto, onde mora a fera.
3 - Lucas é representado pelo **Touro**, porque começou o Evangelho falando do templo, onde eram imolados os bois.
4 - João é representado pela **Águia,** por causa do elevado estilo de seu Evangelho, que fala da Divindade e do Mistério altíssimo do Filho de Deus.

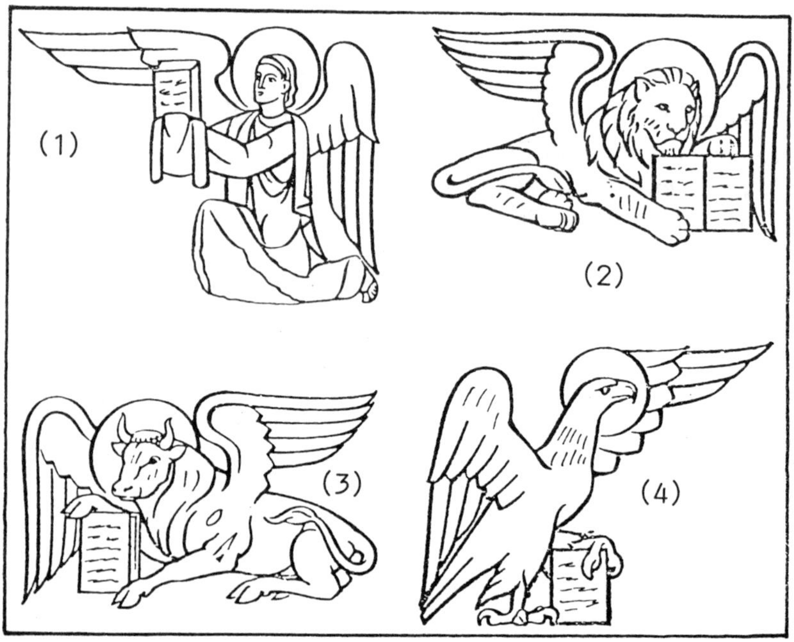

Vejamos cada um dos Evangelistas e seus Evangelhos:

Mateus: "Mateus" é um nome hebraico que significa: "dom de Deus". Mateus era cobrador de impostos em Cafarnaum, uma cidade situada junto ao mar da Galiléia. Sua profissão era mal vista, porque arrancava pesados impostos do povo. Por isso, Mateus mesmo se intitula "Mateus, o publicano", que significa: o pecador (Mt 10, 3). Era também chamado Levi (Mc 2, 13-14). Foi convidado pessoalmente por Jesus para ser discípulo. Estava sentado à mesa em sua coletoria, quando Jesus passou pela calçada e lhe disse: "Segue-me!" Mateus, levantando-se, seguiu-O (Mt 9, 9).

Seu Evangelho é o primeiro da lista. É também o mais extenso. O original foi escrito em aramaico, aí pelos anos 55 a 60. Tal original não existe mais. Mas dele foi feito um texto em grego. Essa redação em grego é dos anos 62 a 70. O Evangelho de Mateus é dirigido especialmente aos judeus convertidos; por isso, tem o cuidado de mostrar que Jesus de Nazaré é o herdeiro das promessas feitas por Deus a Davi. Portanto, Jesus é o Messias anunciado pelos profetas.

Marcos: Era também chamado João Marcos (At 15, 37). Sua mãe chamava-se Maria, a qual possuía uma casa em Roma, onde uma comunidade cristã se reunia. Marcos era primo de Barnabé, e discípulo de Pedro. Ele foi redigindo o Evangelho a partir das pregações de Pedro. Provavelmente Marcos tenha escrito seu Evangelho em Roma, entre os anos 60 e 64, antes da destruição de Jerusalém, que se deu no ano 70.

Marcos põe em evidência os milagres de Jesus, pois pretende mostrar a bondade do Senhor e a sua divindade, não se preocupando muito com as datas. Seu Evangelho se dirige especialmente aos cristãos vindos do paganismo; portanto, de origem grega ou romana. Sua linguagem é viva, com muitas minúcias.

Lucas: Lucas nasceu em Antioquia da Síria, de família pagã. Converteu-se por volta do ano 40. Estudou Medicina e estava bem colocado entre as pessoas cultas do mundo greco-romano. Pertenceu à segunda geração dos cristãos. Portanto, não foi discípulo direto de Jesus, mas de Paulo, de quem se fez grande amigo, alegrando-se e sofrendo com ele por causa do Evangelho.

Lucas escreveu o terceiro Evangelho, não como testemunha ocular, mas, conforme ele mesmo diz, escreveu "depois de ter diligentemente investigado tudo desde o princípio" (Lc 1, 3). Portanto, escreveu como historiador. Seu Evangelho foi redigido depois dos Evangelhos de Mateus e de Marcos. Talvez aí pelo ano 67. Lucas dirige-se especialmente aos cristãos de origem pagã, gregos e romanos. O objetivo de seu Evangelho é fortalecer os cristãos na fé.

É o evangelista que mais fala sobre o nascimento e a infância de Jesus. Certamente, entre as pessoas que consultou para escrever, está em primeiro lugar a Virgem Maria. Lucas usa uma linguagem correta e bonita, e dá um destaque especial quando fala da misericórdia de Deus, contando as parábolas da Ovelha, da Moeda e do Filho Pródigo.

João: É filho de Zebedeu (Mc 1, 19). Sua mãe chamava-se Salomé (Mt 27, 56). Era pescador do Mar da Galiléia, por onde Jesus passou e o chamou para ser Apóstolo, juntamente com seu irmão Tiago (Mt 4, 21, 22). Os dois eram de temperamento violento. Tanto é que Jesus os apelidou de "Boanerges", que quer dizer: "Filhos do trovão" (Mc 3, 17). João era chamado o "discípulo que Jesus amava" (Jo 13, 23).

Começou a seguir o Mestre quando tinha apenas uns 19 anos e foi testemunha ocular de toda a missão do Senhor. João mesmo diz que escreve "o que viu e ouviu, o que contemplou com os olhos e tocou com as próprias mãos" (Cf. 1 Jo 1,1). João escreve seu Evangelho de maneira original, penetrando o mistério das humilhações e da glória do Cristo. Fala da "vida eterna" como realidade já presente na terra, na Pessoa de Jesus.

É verdadeiro teólogo, não simples cronista. João escreve, não aos pagãos, mas aos cristãos. Quer mostrar, ao vivo, a Divindade do Mestre, o seu Mistério invisível escondido num Deus feito Homem. Redigiu o Evangelho no finzinho do século, com idade avançada.

PERGUNTAS

1 - Quais os símbolos dos Evangelistas e que significam?
2 - Que Mateus pretende com seu Evangelho?
3 - A quem Marcos dirige seu Evangelho?
4 - Que sabe do Evangelho de Lucas? Que ele pretende?
5 - Qual a característica do Evangelho de João?
6 - O Evangelho é, para você, uma "Boa Notícia"?

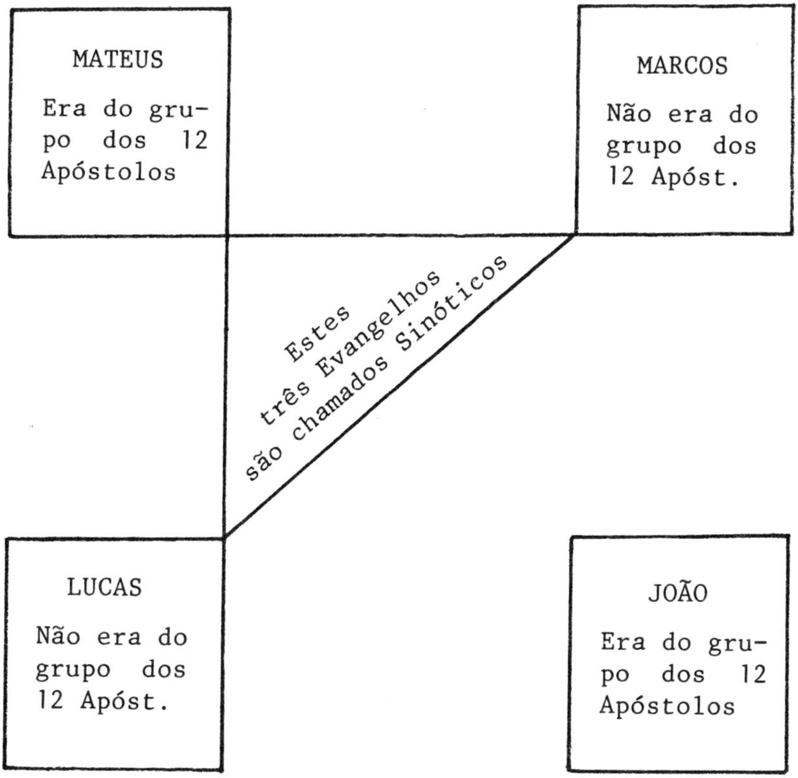

OS ATOS DOS APÓSTOLOS

Os Evangelhos apresentam-nos a Pessoa de Jesus e a sua atividade na terra. Os Atos dos Apóstolos nos mostram o que aconteceu logo após o cumprimento da missão de Jesus neste mundo. No Evangelho vemos Cristo fundando a sua Igreja. No Livro dos Atos, vemos essa mesma Igreja dando os primeiros passos e espalhando-se pelo mundo.

O Livro dos Atos é como uma continuação do terceiro Evangelho, como está escrito no início (At 1, 1). Aliás, o autor é o mesmo: São Lucas. O evangelista termina o Evangelho começando a contar o fato da Ascensão do Senhor. Depois, começa o Livro dos Atos acabando de contar a mesma Ascensão, com mais detalhes. Em seguida, prossegue numa seqüência cronológica: volta dos Apóstolos a Jerusalém, escolha de Matias para substituir Judas Iscariotes, a vinda do Espírito Santo, que se deu no Pentecostes, as primeiras pregações dos Apóstolos em Jerusalém, e o testemunho da Ressurreição do Senhor.

As duas personagens em destaque nos Atos são os Apóstolos Pedro e Paulo. São Pedro, nos primeiros doze capítulos; e São Paulo, nos restantes 16 capítulos. Umas coisas São Lucas as escreve depois de ter colhido as devidas informações através dos primeiros discípulos; outras, ele escreve já como testemunha, pois, estando com Paulo nas pregações, ele as tinha presenciado. Por isso, fala "nós". O Livro dos Atos salienta uma coisa muito importante na vida da Igreja: a ação do Espírito Santo. O próprio Jesus havia dito aos discípulos antes de subir ao céu:

"Quando o Espírito Santo tiver descido sobre vós,
recebereis o vigor,
e sereis minhas testemunhas,
tanto em Jerusalém como em toda a Judéia e Samaria,
e até às extremidades da terra" (At 1, 8)

O Livro dos Atos, escrito entre os anos 70 a 80, é de suma importância para nós. Nele está todo o Cristo e toda a Igreja. Ele apresenta-nos a experiência viva da Igreja primitiva, com aqueles quatro pontos fundamentais para a vida da Igreja: o querigma, a catequese, a vida em comunidade e a missão apostólica. Vejamos isso:

1 - Quérigma: É o primeiro anúncio do Evangelho ou chamado à conversão. É o que os Apóstolos fizeram quando anunciaram e testemunharam Jesus Cristo ressuscitado, dizendo que Nele, e só Nele, estava a Salvação.

2 - Catequese: Na Igreja primitiva havia a catequese, que é a "educação na fé", ou aprofundamento no conhecimento da Palavra de Deus, para aqueles que já aderiram a Jesus Cristo.

3 - Vida em comunidade: Na Igreja primitiva houve uma forte experiência de vida em comunidades, tanto em Jerusalém, como em Antioquia, ou em Corinto e outros lugares. Especialmente em Jerusalém, entrou a partilha dos bens, a oração em comum e a Eucaristia, bem como uma porção de dificuldades para testar a fé e o espírito fraterno.

4 - Missão: Na Igreja primitiva, narrada no Livro dos Atos, está bem visível a "Missão Apostólica", ou seja, o exercício do poder que os Apóstolos receberam de Jesus. Vemos sempre São Pedro ou outro Apóstolo presidindo a comunidade e dizendo a última palavra em nome da Igreja. O Livro dos Atos termina sem uma conclusão. Tem-se a impressão de que o autor o interrompe, sem ter chegado ao fim.

Vamos agora ler um trechinho do Livro dos Atos, para vermos como era a Igreja na sua primeira comunidade, em Jerusalém:

"Eles perseveraram no ensinamento dos Apóstolos,
na comunhão fraterna,
na Eucaristia e nas orações.
Todos os fiéis viviam unidos.
Tinham tudo em comum.
Vendiam as suas propriedades e os seus bens,
e os dividiam entre todos,
segundo as necessidades de cada um.
Unidos de coração, freqüentavam o templo
e partiam o pão pelas casas todos os dias,
tomando o alimento com alegria
e simplicidade de coração.
Louvavam a Deus
e eram bem aceitos por todo o povo.
E, cada dia, o Senhor ajuntava ao número deles
outros mais que seriam salvos" (At 2, 42. 44-47).

PERGUNTAS

1 - Que representa o Livro dos Atos?
2 - Quais os dois Apóstolos em destaque nos Atos?
3 - Quais as 4 características de uma comunidade cristã?
4 - Mostre como estavam essas 4 características na Igreja primitiva.
5 - Que fala o Livro dos Atos sobre o Espírito Santo?
6 - Você se sente membro de uma comunidade da Igreja? Qual seu compromisso com sua comunidade?

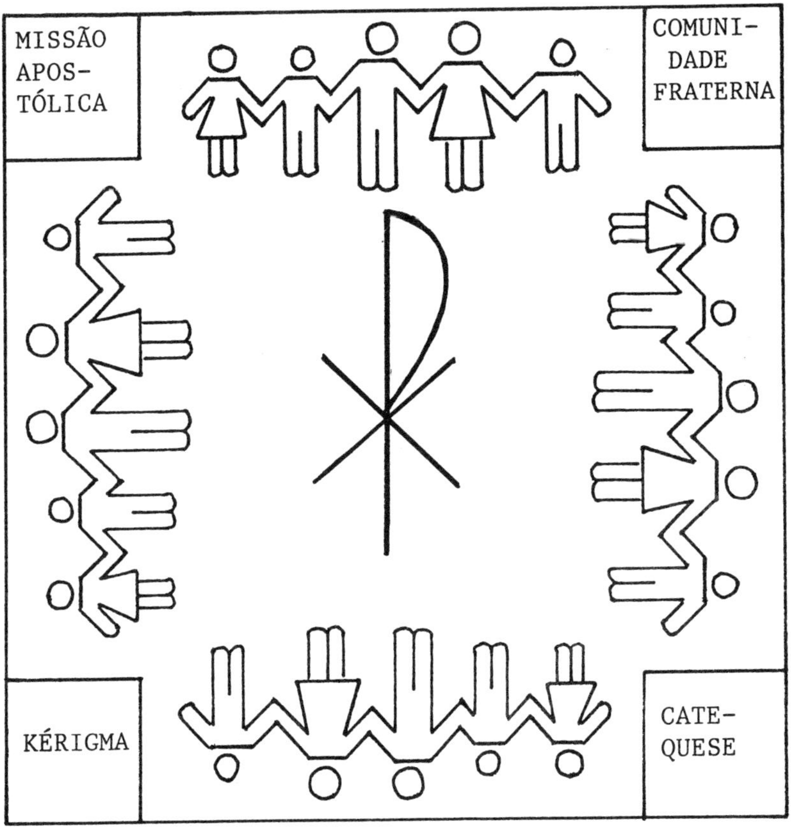

O desenho acima representa uma comunidade da Igreja. Mostra os laços fraternos que une a todos como irmãos. Lembra também que essa comunidade nasce com o kérigma, afirma-se com a catequese e tem a nota da missão apostólica. Uma comunidade da Igreja tanto nasce da pregação de um Apóstolo, como dela devem sair novos apóstolos para a pregação. É o que aconteceu nas primeiras comunidades da Igreja.

Essa comunidade é centrada na Pessoa de Jesus Cristo. No centro dela está, pois, o símbolo de Jesus: as letras gregas "ki", "Rô", que formam as iniciais de "Cristo" na língua grega.

AS CARTAS DE SÃO PAULO

As 14 Cartas ou Epístolas que seguem são chamadas "Epístolas Paulinas". Embora elas não sejam todas escritas pessoalmente por São Paulo, elas mantêm a unidade da doutrina de São Paulo. Eis as 14 Cartas:

Romanos: Carta que São Paulo escreveu a uma comunidade cristã de Roma, no ano 57. Fala das conseqüências do pecado. Diz que o homem é incapaz de salvar-se por seus próprios merecimentos. Somos salvos pela fé em Jesus Cristo, por pura misericórdia de Deus.

1 Coríntios: São Paulo escreveu de Éfeso aos cristãos da cidade de Corinto, no ano 55, para repreendê-los quanto aos abusos e disputas que surgiram na comunidade. Prega a humildade, inspirada na cruz de Cristo. Recomenda a caridade.

2 Coríntios: Seis meses depois, São Paulo escreveu esta Segunda Carta. Manifesta suas tribulações e esperanças. O Apóstolo defende os direitos gerais dos Apóstolos e se defende também das acusações que os fiéis fazem contra sua pessoa.

Gálatas: Escreveu nos anos 48 ou 56 a uma comunidade da Galácia, para resolver problemas surgidos por causa dos judeus convertidos, que quiseram impor sua lei judaica aos cristãos vindos do paganismo. Fala que foi chamado pessoalmente por Jesus.

Efésios: Escreveu quando estava preso em Roma, nos anos 61 a 63. Recomenda a unidade dos cristãos. Aí São Paulo trata do Mistério de Cristo na Igreja.

Filipenses: As Epístolas aos Efésios, aos Filipenses e aos Colossenses são chamadas "Epístolas do Cativeiro" porque foram escritas na prisão, em Éfeso ou em Roma. A Carta aos Filipenses tem um cunho bem pessoal. Manifesta alegria e afetividade.

Colossenses: Fala do Mistério de Cristo na Igreja e acrescenta uma série de conselhos morais aos cristãos, que vivem uma vida nova em Jesus Cristo.

1 Tessalonicenses: Esta e a Segunda aos Tessalonicenses devem ser as Cartas mais antigas que o Apóstolo escreveu. Foi por volta do ano 50. Nesta Carta, fala da alegria que sente ao saber da felicidade deles e de poder contar com seu progresso espiritual.

2 Tessalonicenses: Nesta Carta São Paulo adverte os fiéis a respeito das falsas idéias a respeito da volta gloriosa de Jesus, que deve estar próxima. Aconselha os fiéis a confiarem em Deus para não caírem nas ciladas do demônio.

1 Timóteo: A Carta a Tito e as duas a Timóteo são chamadas "Epístolas Pastorais", porque são dirigidas a bispos aos quais São Paulo dá normas de pastoral. Timóteo é discípulo de Paulo e seu companheiro de viagem. Depois é colocado à frente da comunidade de Éfeso.

2 Timóteo: Nesta Carta, São Paulo dá normas de vida para homens, mulheres, diáconos e Bispos. (Por esta Carta, conclui-se que já naquele tempo havia uma hierarquia na Igreja). Fala também como devemos tratar as viúvas, os anciãos e os escravos.

Tito: Tito é um grego, colaborador de Paulo. Nesta Carta, Paulo orienta a respeito de como organizar as comunidades cristãs na ilha de Creta.

Filêmon: É uma Carta curtinha. Dirige-se a um certo

cristão rico de Colossos, cujo escravo fugitivo tinha vindo procurar proteção junto a Paulo. Então Paulo pede a esse rico que perdoe o escravo fugitivo arrependido e convertido em irmão, porque se fez cristão.

Hebreus: Tudo indica que esta carta não foi escrita por São Paulo. As idéias são suas, mas o estilo é bem diferente. É dirigida aos judeus que receberam o Batismo e sofrem por deixar o templo e a sinagoga. Então São Paulo mostra que a Nova Aliança não só tem tudo o que o judaísmo poderia oferecer, mas é o cumprimento de tudo aquilo que foi prometido na Antiga Aliança.

Para nossa reflexão, vamos ler um trechinho dessas Cartas, onde se fala da importância da leitura da Palavra de Deus em nossa formação cristã. Dirigindo-se ao seu discípulo Timóteo, Paulo escreve:

"Tu, porém, permanece firme naquilo que aprendeste
e aceitaste como certo.
Tu sabes de quem o aprendeste.
Desde a tua infância conheces as Sagradas Escrituras.
Elas têm o poder de comunicar a sabedoria
que conduz à salvação pela fé em Jesus Cristo"
(2 Tm 3, 14-15)

PERGUNTAS

1 - Quantas e quais são as Epístolas Paulinas?
2 - De que trata a Carta aos Romanos?
3 - Quais são as "Epístolas do Cativeiro"?
4 - E as Cartas Pastorais, quais são?
5 - Que Carta Paulina não foi escrita por São Paulo?
6 - Você tem lido as Cartas de São Paulo?
Que acha delas? Interessam para sua vida?

AS 7 EPÍSTOLAS CATÓLICAS

Vimos as 14 Cartas chamadas "Epístolas Paulinas". Ao lado delas há um outro grupo de Cartas bem distinto, a que chamamos "Epístolas Católicas". A palavra "católica" significa "universal". São sete Cartas dirigidas, não a determinada comunidade ou a tal pessoa, mas escritas a todas as comunidades. Por isso, são chamadas universais ou "católicas". Elas traçam linhas mestras ou gerais para toda a cristandade. Vejamos estas sete Cartas, uma por uma:

Tiago: Foi escrita por Tiago, chamado "irmão do Senhor". É o Tiago Menor, filho de Alfeu. Foi Bispo de Jerusalém. A Carta tem a espiritualidade do Sermão da Montanha. Traz conselhos para a vida moral. Recomenda a prática da piedade, da justiça e da caridade. Insiste também nas boas obras, dizendo: "A fé sem obras é morta em si mesma" (Tg 2, 17).

1 Pedro: Fala da alegria do cristão e da unidade de todos os batizados em Jesus Cristo. Dirigida aos cristãos que sofrem por causa da fé, esta Carta lembra a importância da cruz de Cristo e exorta todos a uma vida de santidade, dentro da profissão que cada um exerce. Tanto esta como a Segunda Carta foram escritas por Pedro ou por algum discípulo seu que as escreveu em nome do Apóstolo, logo após a destruição de Jerusalém, que se deu no ano 70.

2 Pedro: Quanto ao conteúdo, é semelhante à Carta de Judas. Rejeita as falsas doutrinas, pregadas por alguns falsos profetas de vida corrupta. É uma exortação à fidelidade a Cristo e ao amor de Deus, lembrando a vinda do Dia do Senhor. Foi escrita por volta do ano 80.

1 João: As três Cartas que seguem foram escritas pessoalmente pelo Apóstolo e Evangelista São João, nos últimos anos do primeiro século. Nesta Primeira Carta, João fala que "Deus é amor e luz". Por isso, o cristão deve comportar-se como filho da luz. Deve fugir do pecado e obedecer aos preceitos divinos, especialmente ao da caridade. Se pecar, deve confessar os seus pecados. É a mais bela das "Cartas Católicas".

2 João: A Segunda e a Terceira Cartas são curtinhas. São mais bilhetes do que Cartas. A Segunda é dirigida a uma comunidade da Ásia, sob o pseudônimo de "Senhora Eleita". É uma exortação a caminhar na verdade e no amor. Faz também um alerta a respeito das pessoas más que tentam espalhar os erros contra o Evangelho. É um brevíssimo resumo da Primeira Carta.

3 João: É mais pessoal que a Segunda. Dirige-se a um certo "Gaio", a quem elogia por suas virtudes, especialmente pela caridade. Deve ter sido escrita a algum dos catequistas itinerantes que percorriam as comunidades cristãs, de cidade em cidade, levando-lhes uma palavra de orientação e de estímulo.

Judas: O autor da Carta identifica-se a si mesmo como "escravo de Jesus Cristo e irmão de Tiago" (Jd 1, 1). Esse Tiago é também chamado "irmão do Senhor" (Mt 13, 55). (Lembramos que, na língua hebraica, qualquer parente é chamado "irmão"). Essa Carta foi escrita, talvez de Jerusalém, aí pelo ano 65. Ela põe os fiéis de alerta perante falsas doutrinas e falsos mestres, como a Segunda Carta de Pedro.

Vamos ler e meditar nestas palavras da Primeira Carta de São João: 1 Jo 4, 20-21.

PERGUNTAS

1 - Quantas e quais são as Epístolas Católicas?
2 - Por que se diz "Epístolas Católicas"?
3 - Qual o ensinamento da Carta de Tiago?
4 - De que fala a Primeira Carta de Pedro?
5 - Qual a mais bela das Cartas Católicas?
6 - Você consegue viver o ensinamento da Primeira Carta de João? Qual a dificuldade?

O APOCALIPSE

Como já vimos, "Apocalipse" é uma palavra grega que significa "revelação". Portanto, trata-se de um livro profético. Nele Deus revela os seus mistérios sobre a vida e a salvação. E o autor escreve tal mensagem de maneira disfarçada, em símbolos e figuras. Trata-se de uma mensagem sobrenatural velada, ou seja: transmitida de maneira misteriosa e simbólica, por causa do clima de perseguição. Essa mensagem é dirigida a todos os cristãos que vivem dentro do longo período que vai da Ascensão do Senhor até o seu retorno no fim do mundo.

Mas, de maneira especial, o Apocalipse foi escrito às Sete Igrejas da Ásia Menor, por volta do ano 100, por João Evangelista, quando estava exilado na ilha de Patmos. Naquela época, as igrejas da Ásia passavam por dura provação. Sobre elas tinha-se desencadeado a perseguição religiosa. Muitos cristãos sentiam-se desanimados e até desesperados. Eles tinham aquela crença e esperança de que Cristo voltaria brevemente. No entanto, esse esperado retorno não chega. Estariam eles iludidos? Deveriam continuar esperando a vinda gloriosa de Jesus? Pois, se Cristo não for a sua eterna recompensa, que adianta sofrer tanto? Que força e que sentido tem a sua comunidade cristã no meio de tantas injustiças e sofrimentos?

É para esses cristãos que João escreve o Apocalipse, o qual é semelhante a uma Carta de encorajamento na fé e na certeza de Cristo que jamais há de falhar. O autor rejeita o paganismo e mostra a incompatibilidade entre o bem e o mal, entre o espírito do Evangelho e o espírito deste mundo. Lembra que, apesar do sofrimento e da morte, deve-se continuar crendo e esperando a volta e a recompensa de Jesus. Essa dura provação faz parte da vida de todos os que colocaram sua esperança no Reino de Deus. Por isso, o Senhor diz:

"Eis que não demoro a vir,
e comigo trago a minha recompensa
para dar a cada um segundo as suas obras.
Eu sou o A e o Z, o primeiro e o último,

o princípio e o fim.
Felizes aqueles que lavam as suas vestes,
pois terão direito à árvore da vida,
e entrarão na Cidade pelas portas" (Ap 22, 12-14).

As sete Igrejas da Ásia a quem "João" se dirige são: Éfeso, Esmirna, Pérgamo, Tiatira, Sardes, Filadélfia e Laodicéia (Ap 1, 10). O Apóstolo encoraja os cristãos destas Igrejas, mostrando que a salvação se dá em meio ao sofrimento por causa do Evangelho. Quem foge dessa realidade da cruz, vai perder a sua recompensa. Ele diz em outro lugar, em forma de diálogo:

"Um dos anciãos tomou a palavra e disse-me:
Estes que estão trajados com vestes brancas,
quem são e de onde vieram?
Eu lhe respondi:
Meu Senhor, és tu quem o sabes.
Ele então me explicou:
Estes são os que vêm da grande tribulação:
lavaram as suas vestes
e as alvejaram no sangue do Cordeiro" (Ap 7, 13-14).

A maioria acha que o Apocalipse foi escrito pelo Evangelista São João. Mas hoje existem opiniões contrárias. Segundo estudiosos modernos, o autor do Apocalipse deve ser o presbítero João de Éfeso ou algum discípulo do Apóstolo.

PERGUNTAS

1 - Que quer dizer "Apocalipse"?
2 - A quem se dirige o Apocalipse e de que trata?
3 - Por quem e quando foi escrito o Apocalipse?
4 - Por que o Apocalipse usa de figuras e símbolos?
5 - Quais são as 7 Igrejas da Ásia?
6 - Você se considera preparado para a volta de Jesus?

APRENDA A MANUSEAR A BÍBLIA

Quem não está familiarizado com a Bíblia, fica admirado quando vê alguém abrir a Escritura Sagrada e ir direto ao Livro tal, capítulo tal, versículo tal. Se for o seu caso, caro amigo, não precisa ficar com inveja. É tão fácil achar uma citação bíblica! Se você quiser, poderá aprender em poucos minutos. É o que vamos ver a seguir.

Você já sabe que a Bíblia divide-se em Antigo Testamento e Novo Testamento. O Antigo Testamento vem primeiro e ocupa mais da metade da Bíblia, porque é composto por 46 Livros, enquanto o Novo Testamento só tem 27 Livros.

Então, a primeira coisa, é ver se o Livro que você procura está no Antigo ou no Novo Testamento, para saber se abre a Bíblia no começo ou no fim. Os Livros da Bíblia seguem, em geral, aquela ordem que expusemos atrás, classificando-se por grupos, segundo o assunto ou o estilo. Basta olhar no índice da Bíblia, e você verá logo o lugar em que tal Livro se encontra. Aí verá também a abreviatura do Livro. Exemplo: Mt Lê-se Mateus.

Agora, cada Livro divide-se em capítulos. E os capítulos dividem-se em versículos. Portanto, para achar um determinado trecho na Bíblia, devemos dizer o nome ou título do Livro, o número do capítulo e o número do versículo. (O número do capítulo vem sempre em tamanho grande, no início do capítulo. Os números dos versículos estão em tamanho pequeno, espalhados pelo meio do texto).

Entre o número do capítulo e o número do versículo vai uma vírgula. Exemplo: Jo 8, 12. Lê-se: Evangelho de São João, capítulo 8, versículo 12. Se o texto citado abrange mais de um versículo, então separa-se a seqüência dos versículos por um traço. Exemplo: Is 55, 1-6. Lê-se: Profeta Isaías, capítulo 55, versículos de 1 até 6.

Lembramos que o traço (-) pode indicar uma seqüência de versículos ou de capítulos. Exemplo em que o traço indica seqüência de versículos: Mc 6, 4-6. Lê-se: Evangelho de São Marcos, capítulo 6, versículos de 4 até 6. Agora, um caso em que o traço indica a seqüência de capítulos (dentro do mesmo Livro): Rm 5, 12 - 6, 3. Lê-se: Carta aos Romanos, do capítulo 5, versículo 12 até o capítulo 6, versículo 3.

O ponto e vírgula separa tanto capítulo de capítulo como Livro de Livro. Exemplo de separação de capítulos: Lc 12, 49; 18, 16. Lê-se: Evangelho de São Lucas, capítulo 12, versículo 49 e capítulo 18, versículo 16. Exemplo de separação de Livros: Gn 3, 15; Jr 2, 13. Lê-se: Livro do Gênesis, capítulo 3, versículo 15 e Profeta Jeremias, capítulo 2, versículo 13.

Quando se pula algum versículo, separa-se um versículo do outro com um ponto. Exemplo: 1 Cor 11, 17. 20. 23-28. Lê-se: Primeira Carta aos Coríntios, capítulo 11, versículo 17, versículo 20, e do versículo 23 até o versículo 28. Portanto, pulam-se os versículos 18 e 19, bem como os versículos 21 e 22.

Às vezes encontramos um "s" ou dois "ss" depois do versículo. Quer dizer: "versículo seguinte" ou "versículos seguintes". Exemplo: Lv 19, 22ss. Lê-se: Livro do Levítico, capítulo 19, versículos 2 e seguintes. Outras vezes encontramos um "a" ou um "b" após o versículo. Indicam se é primeira ou segunda parte do versículo. Exemplo: At 8, 7a. Lê-se: Livro dos Atos, capítulo 8, e primeira parte do versículo 7. (Isso acontece quando o versículo é formado por uma ou mais frases).

Lembramos também que, na Bíblia dos evangélicos ou protestantes, às vezes, em lugar de vírgula encontramos um ponto ou dois pontos. Exemplo: Sl 6.2 ou Sl 6:2. Lê-se: Salmo 6, versículo 2.

Não raro encontramos, antes de uma citação, as letras "Cf". Isto acontece quando alguém faz referência a um trecho da Bíblia sem transcrevê-lo textualmente. Então indica o texto em que se baseia, para que a gente possa "conferir".

Para saber se uma Bíblia é católica ou não, basta verificarmos se ela traz, logo nas primeiras páginas, a autorização de um Bispo com a palavra "Imprima-se". As Bíblias evangélicas não trazem essa aprovação eclesiástica.

PERGUNTAS

1 - Quantos Livros há no Antigo Testamento? E no Novo?
2 - O que separa uma vírgula, na indicação do texto?
3 - Que indicam o "ponto" e o "ponto e vírgula"?
4 - Que quer dizer o "a" ou o "b" junto ao versículo?
5 - Como você sabe se uma Bíblia é católica?
6 - Você sabe manusear a Bíblia?
Então ache e leia o seguinte texto: 1 Pd 3, 8-12.

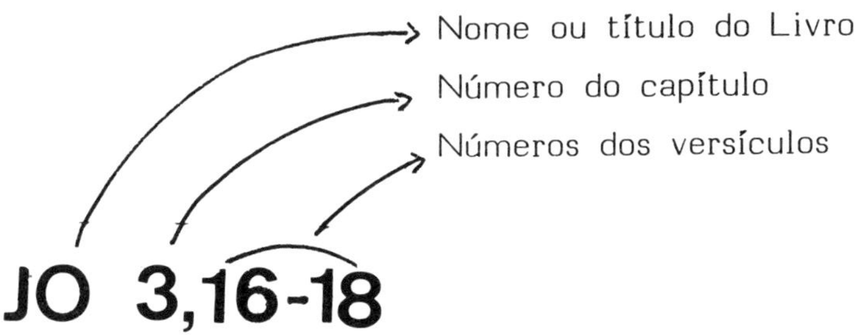

Portanto, se lê:
Evangelho de São João,
capítulo 3,
versículos de 16 a 18

LIVROS COM NOMES DIFERENTES

Lembramos que algumas Bíblias mudam os nomes de alguns Livros. Elas trazem os mesmos Livros, mas alguns deles com nomes diferentes. São os Livros de Samuel, das Crônicas, Esdras, Eclesiástico, Eclesiastes e Apocalipse. Essas alterações acontecem nos seguintes casos:

1 - Quando a Bíblia não tem "Livros de Samuel". Então o 1 Samuel e o 2 Samuel passam a ser os que seriam o 1 Reis e o 2 Reis, enquanto os que seriam o 1 Reis e 2 Reis passam a chamar-se 3 Reis e 4 Reis.

2 - Quando, em vez de Livros das Crônicas, a Bíblia lhes dá os nomes de Paralipômenos.

3 - Quando a Bíblia não tem "Livro de Neemias". Então, o que seria simplesmente Esdras passa a chamar-se 1 Esdras, e o que seria Neemias fica chamando 2 Esdras.

4 - Quando a Bíblia, em vez de Livro do Eclesiástico, denomina Livro de Sirac; em vez de Eclesiastes, diz Qohelet; e, em vez de Apocalipse, diz Revelação.

Então fica assim:

1 Samuel	(ou 1 Reis)
2 Samuel	(ou 2 Reis)
1 Reis	(ou 3 Reis)
2 Reis	(ou 4 Reis)
1 Crônicas	(ou 1 Paralipômenos)
2 Crônicas	(ou 2 Paralipômenos)
Esdras	(ou 1 Esdras)
Neemias	(ou 2 Esdras)
Eclesiastes	(ou Qohelet)
Eclesiástico	(ou Sirac)
Apocalipse	(ou Revelação)
Observação:	Há também certas diferenças de capítulo e versículo nos Livros de Daniel e de Ester.

Algumas Abreviaturas:

1 - A diferença entre a abreviatura dos Livros de Macabeus e do Evangelho de São Marcos está nisto: a abreviatura de Marcos é apenas Mc, enquanto a abreviatura de Macabeus é 1 Mc ou 2 Mc, pois são dois Livros.
2 - A diferença das abreviaturas do Livro de Jó e do Evangelho de São João está no acento. João não tem acento, enquanto Jó tem. Exemplo: Jo 8, 12 quer dizer: Evangelho de São João, capítulo 8, versículo 12; e Jó 20, 28 quer dizer: Livro de Jó, capítulo 20, versículo 28.
3 - A Bíblia evangélica ou "protestante" tem 7 Livros a menos que a católica. (Veja logo a seguir).

Ache na sua Bíblia o seguinte trecho: Sirac 7, 32-36 e medite.

"Estende a tua mão ao pobre
para que tua bênção seja perfeita.
Que tua generosidade atinja todos os viventes:
nem aos mortos recuses a tua piedade.
Não fujas dos que choram,
antes, aproxima-te dos que estão aflitos.
Não temas ocupar-te com os doentes,
porque serás amado por isso.
Em tudo o que fazes,
lembra-te do teu fim
e jamais pecarás" (Sirac 7, 32-36)

PERGUNTAS

1 - Quais as alterações nos Livros dos Reis e Samuel?
2 - A que correspondem os Livros de Paralipômenos?
3 - Quando numa Bíblia não existe o Livro de Neemias, que acontece?
4 - Qual é o outro nome do Livro do Eclesiástico?
5 - Qual é a "marca" de uma Bíblia católica?
6 - Você tem caridade com os doentes e os infelizes?

BÍBLIA CATÓLICA E BÍBLIA "PROTESTANTE"

Freqüentemente alguém nos pergunta: "A Bíblia protestante é verdadeira? Eu ganhei uma. Posso ler ou não?"

Será que existe alguma diferença entre a Bíblia editada pelos evangélicos e a Bíblia editada pelos católicos? Sim. Existe uma diferença quanto ao número de Livros. O Novo Testamento deles e o nosso são iguais: têm 27 Livros. Mas o Antigo Testamento da Bíblia evangélica ou "protestante" não possui 7 Livros que fazem parte da Bíblia católica.

A Bíblia dos evangélicos não possui estes 7 Livros: Judite, Tobias, Sabedoria, Eclesiástico, Baruc, 1 Macabeus e 2 Macabeus. Além disso, o Livro de Daniel, deles, não tem os capítulos 13 e 14, e os versículos 24 a 90 do capítulo 3. Não tem também os capítulos 11 a 16 de Ester.

Esses sete Livros são os chamados "deuterocanônicos". A palavra "canônico" vem de "cânon". E "cânon" quer dizer "regra". Trata-se da "regra da fé". Esses Livros constituem a norma da fé na vida da Igreja. Os Livros canônicos ou inspirados não contêm erros de doutrina. Por isso, podemos neles crer. Eles trazem a Palavra de Deus, que não se engana nem nos engana.

Os "deuterocanônicos" são assim chamados porque sua autenticidade foi posta em dúvida pelos judeus, e depois, pelos evangélicos. A Igreja aceitou os deuterocanônicos como autênticos ou inspirados, do mesmo modo que os canônicos. E qual a razão por que os judeus e os protestantes não incluem na Bíblia os Livros deuterocanônicos?

A razão é a seguinte. Os judeus eram radicalmente nacionalistas. Por isso, achavam que Deus só poderia inspirar os Livros escritos na língua dos judeus, que era o hebraico. Achavam também que a Palavra de Deus só poderia ser escrita dentro do território de Israel, e até o tempo de Esdras.

Ora, quando os judeus começaram a espalhar-se pelo mundo, logo após a destruição de Jerusalém (ano 70), eles mesmos viram a necessidade de traduzir a Bíblia Sagrada para o grego, que era a língua mais universal daquela época. E, nessa tradução, foram incluídos esses 7 Livros deuterocanônicos (que já estavam escritos em grego, pelos próprios judeus).

Foi a partir daí que surgiu essa divergência. Os fariseus, que zelavam pela pureza e conservação das Escrituras Sagradas, não quiseram aceitar esses 7 Livros como inspirados por Deus. E essa foi também a decisão de Lutero quando traduziu a Bíblia para o alemão. Mas a Igreja Católica, desde os tempos de Jesus e dos Apóstolos, sempre reconheceu esses 7 Livros como verdadeiros, ou seja, inspirados por Deus.

Já no Sínodo de Hipona, no ano 393, a Igreja citava os 73 Livros como pertencentes à Bíblia Sagrada. Esse total de 73 Livros foi confirmado no Concílio de Cartago, no ano 419. Isso foi sempre uma questão pacífica na Igreja. Entretanto, no século 16, quando Lutero organizou a Bíblia da Reforma, ele não reconheceu os 7 Livros deuterocanônicos como autênticos ou inspirados. Então, para não pairar dúvidas, a Igreja definiu de maneira oficial que esses 7 Livros são de inspiração divina e fazem parte da Bíblia Sagrada. Isto aconteceu no Concílio de Trento, realizado nos anos de 1545 a 1563.

Com isso, não queremos dizer que não se possa ler a Bíblia evangélica. Tudo o que está nela é verdadeiro. Ela não é "falsa". É apenas "incompleta". A maior diferença entre a Bíblia dos católicos e a Bíblia dos evangélicos não está no texto bíblico, mas nas diferentes interpretações que uns e outros dão ao texto bíblico. A mesma frase não significa a mesma coisa para católicos e evangélicos.

A interpretação dos católicos é uma só, no mundo inteiro, porque nós seguimos o Magistério, que é a palavra oficial da Igreja. Ao passo que os evangélicos divergem entre si mesmos, porque adotaram o "livre exame".

PERGUNTAS

1 - Qual a diferença entre Bíblia Católica e Bíblia Protestante?
2 - Quais os Livros que a Bíblia Protestante não possui?
3 - Como se chamam esses Livros discutidos?
4 - Onde está a maior diferença entre as Bíblias Católica e Protestante?
5 - Que quer dizer "canônico"?
6 - Você duvida de algum Livro da Bíblia? Por quê?

LIVRO "INSPIRADO" POR DEUS

Começamos dizendo que a Bíblia é um Livro diferente dos outros, pois ela demorou mais de mil anos para ser escrita. Isso é verdade. Mas não é só por isso que ela é um Livro diferente. Há outra razão muito maior. A Bíblia é um Livro diferente, sobretudo por ser "inspirada" por Deus. Nela mesmo está dito isso. São Paulo escreveu:

"Toda a Escritura é inspirada por Deus
e útil para ensinar e para convencer,
para corrigir e para educar na justiça,
a fim de que o homem de Deus seja perfeito
e preparado para as boas obras" (2 Tm 3, 16-17).

Mas que significa "ser inspirada" por Deus? Você deve ter ouvido essa palavra muitas vezes, referindo-se a outras coisas. Há dias um repórter disse que um jogador de futebol fez uma jogada "inspirada". Há também pessoas que, num momento de "inspiração", acabam fazendo belas poesias. Será que a "inspiração" para escrever a Bíblia é mais ou menos isso?

Para termos uma idéia mais aproximada do que seja um Livro "inspirado" por Deus, vamos contar um fato. Certo moço estava numa verdadeira encruzilhada da vida. Não sabia se deveria casar ou entrar num seminário. Então foi a uma igreja, colocou-se em oração e pediu as luzes do Espírito Santo. Depois de alguns momentos, a sua mente foi iluminada por Deus. Não restavam mais dúvidas. Sentiu claramente que Jesus queria que ele consagrasse sua vida ao serviço do Evangelho. Tornou-se então um padre feliz.

Coisa semelhante é a inspiração que o hagiógrafo recebe do Espírito Santo para escrever a Palavra de Deus. Com uma diferença: a inspiração para escrever a Bíblia tem um sentido todo especial. Não se trata de mera iluminação particular para decidir aquilo que uma pessoa deve fazer, mas de uma inspiração para escrever a Palavra de Deus, que é dirigida a todos os homens.

A inspiração bíblica não é apenas uma luz que ilumina a mente do escritor sagrado, mas a ação do Espírito Santo que leva o homem a escrever o que Deus quer que seja escrito como Palavra SUA. Por isso, embora a Bíblia tenha sido escrita pelos homens, o que nela se encontra é a Palavra de Deus.

Sobre a inspiração da Sagrada Escritura, o Concílio Vaticano II diz:

"Na redação dos Livros Sagrados,
Deus escolheu homens,
dos quais se serviu,
fazendo-os usar suas próprias faculdades e capacidades,
a fim de que,
agindo Ele próprio neles e por eles,
escrevessem, como verdadeiros autores,
tudo e só aquilo que Ele próprio quisesse" (DV, 11).

Quando falamos em "Livros Inspirados", entendemos aqueles Livros que formam a Bíblia Sagrada. São os 73 Livros reconhecidos oficialmente pela Igreja como tais. São chamados "Livros Canônicos". Essa inspiração para escrever Livros da Bíblia já foi encerrada no tempo dos Apóstolos. Agora não se acrescenta mais nenhum Livro.

Ao lado dos Livros canônicos existem também certos livros chamados "apócrifos". Os apócrifos não são inspirados. Também não quer dizer que sejam falsos. São até piedosos e edificantes. Seus escritos, porém, estão misturados com lendas e muita imaginação. Neles encontramos muitas coisas verdadeiras e boas. Mas a Igreja não os assume como Palavra de Deus, porque não foram escritos por inspiração divina. Portanto, não fazem parte dos Livros Canônicos.

Meditemos nestas palavras da Bíblia Sagrada:

"Eterna é tua palavra, Senhor,
tão estável como o céu.
Tua verdade passa de geração a geração,
tão sólida como a terra que criaste.

Tudo subsiste perpetuamente pelos teus decretos.
A Ti está submetido todo o universo"
(Sl 118 (119), 89-91)

PERGUNTAS

1 - Por que a Bíblia é um Livro diferente dos outros?
2 - Que significa "Livro inspirado"?
3 - Quantos são os Livros inspirados?
4 - Como se chamam os Livros inspirados?
5 - Que quer dizer Livro "canônico"?
6 - Você lê a Bíblia com fé, vendo nela a Palavra de Deus?

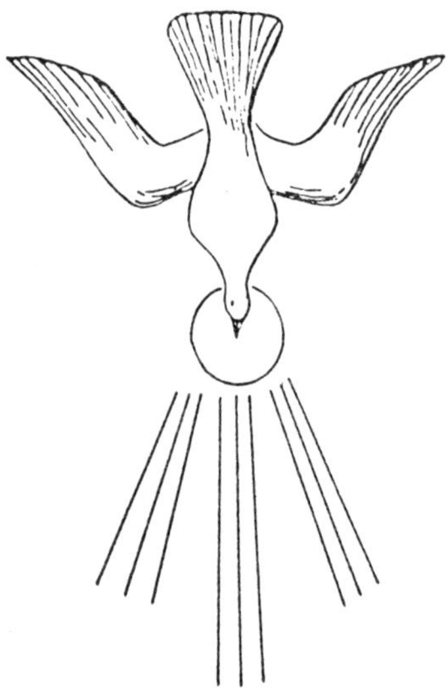

לְמוֹלִיךְ עַמּוֹ בַּמִּדְבָּר.
לְמַכֵּה מְלָכִים גְּדֹלִים.
וַיַּהֲרֹג מְלָכִים אַדִּירִים.
לְסִיחוֹן מֶלֶךְ הָאֱמֹרִי

DEUS SE REVELA AOS HOMENS

Vimos que a Bíblia é um Livro inspirado por Deus. É verdade. Mas, às vezes, há na Bíblia mais que uma inspiração. Há verdadeiras "revelações". Mas existe alguma diferença entre inspiração e revelação? Qual seria?

Não se trata propriamente de duas coisas diferentes. Inspiração e revelação são duas coisas que andam juntas. Na revelação existe também inspiração de Deus. Portanto, não são duas coisas separadas.

Mas na opinião de alguns estudiosos, existe uma distinção entre inspiração e revelação. Seria mais ou menos assim: Na inspiração o escritor sagrado faz uma revelação, valendo-se de coisas que já eram do seu conhecimento, ou pelo seu estudo ou pela sua experiência de fé. O papel da inspiração consiste em iluminar o escritor para que, de tudo aquilo que ele sabe, apure como verdade de Deus somente aquilo que Deus quer que seja a Sua Palavra.

São João, por exemplo, escreveu aquilo que "viu e ouviu". Ele esteve em contato pessoal com Jesus, que lhe revelou os Mistérios de Deus (Cf.1 Jo 1, 1-4). Ao passo que São Lucas não recebeu diretamente a revelação do que escreveu, mas escreveu depois de haver feito "cuidadosa investigação" (Lc 1, 3). Logicamente, em toda a sua diligente pesquisa, ele foi conduzido pela inspiração de Deus, para que, de tudo que informou a respeito da vida e da pregação de Jesus, escrevesse somente aquilo que Deus queria que fosse escrito como Sua Palavra.

O importante é exatamente isto: que na inspiração bíblica Deus assume aquela palavra como SUA. Tal palavra, até certo ponto é deste ou daquele escritor, porque o homem é que a redigiu. Mas, ao mesmo tempo, ela passa a ser Palavra de Deus, porque foi assumida por Deus, como autor principal. É o que vemos na Missa. O leitor começa dizendo: "Leitura da Carta de São Paulo aos Romanos". E, ao terminar, diz: "Palavra do Senhor!"

E a revelação? Qual é o "algo mais" que a revelação acrescenta? Em geral, na revelação, o escritor sagrado escreve algo que não era do seu conhecimento. Às vezes, nem depois de haver escrito o hagiógrafo tem noção clara do que escreveu. Isaías, por exemplo, assim profetizou a respeito do nascimento de Jesus:

"Eis que uma virgem conceberá
e dará à luz um filho
e lhe porá o nome de Emanuel" (Is 7, 14)

Mas será que Isaías sabia claramente que estava falando do nascimento de Jesus, que iria nascer da Virgem Maria? Certamente que não. Só os fatos vieram depois mostrar isso, como nos observa São Mateus ao narrar o nascimento do Salvador (Mt 1, 23).

As profecias são bem um exemplo de revelação. Os profetas predisseram coisas que, por si, jamais poderiam saber, visto que eram coisas que deveriam acontecer séculos mais tarde. Por exemplo: mil anos antes de Cristo vir ao mundo, o profeta Davi predisse que haveriam de repartir e sortear as vestes de Jesus. Assim ele escreveu:

"Repartem entre si as minhas vestes
e lançam sorte sobre a minha túnica" (Sl 21, 19)

Exatamente isso aconteceu, quando Jesus estava morrendo na cruz, conforme nos contam os quatro evangelistas. E é interessante notar que, ao registrar o fato, o evangelista recorda que assim aconteceu para que se cumprisse o que tinha sido anunciado pelo profeta. (Veja, por exemplo, Jo 19, 23-24).

Note-se que, aqui para João, já não se trata mais de uma "revelação", mas de uma "inspiração", pois o evangelista sabia da profecia por meio da Escritura Sagrada, e sabia do fato, porque o viu com os próprios olhos. Então bastou que Deus o inspirasse para que ele registrasse o acontecimento e desse testemunho de que aí se cumpriu uma profecia sobre o Salvador.

Vamos meditar nesta "revelação" de Deus a Isaías, que, sete séculos antes de Jesus nascer, levou o profeta a escrever o que iria acontecer com o Senhor. Isaías profetizou assim, a respeito dos sofrimentos de Jesus:

"Eram as nossas enfermidades
que ele levava sobre si,
as nossas dores que ele carregava.
Nós o tínhamos como vítima de castigos,
ferido de Deus e humilhado.
Mas ele foi transpassado por causa de nossos pecados,
esmagado em conseqüência de nossas iniqüidades.
O castigo que havia de trazer-nos a paz
pesou sobre ele.
Sim, graças às suas feridas fomos curados" (Is 53, 4-5).

PERGUNTAS

1 - Revelação é diferente de inspiração?
2 - Qual a diferença?
3 - Mostre com um exemplo a diferença de uma e de outra coisa.
4 - Quantos séculos antes de Cristo Isaías profetizou?
5 - Que predisse Isaías sobre o nascimento de Jesus?
6 - Você acha que seus pecados tinham parte na cruz de Jesus?

REVELANDO-SE, DEUS NOS REVELA

Vimos que Deus tem-se revelado aos homens. Desde os mais remotos tempos, o Povo de Israel tinha já uma religião "revelada" por Deus. Tais revelações encontram-se na Bíblia Sagrada. Mas que é "revelar"? Em que consiste uma revelação?

Essa palavra se aplica a uma porção de coisas. Por exemplo, quando um cantor vai estrear no palco e se sai bem, todos dizem: "Foi uma revelação". Outro dia, alguém foi ao fotógrafo e lhe disse: "Por favor, me revela este filme". O padre sabe de muitos segredos, mas não os pode revelar a ninguém, porque é segredo de confissão.

Como se vê, a palavra "revelar" tem sempre o sentido de manifestar algo desconhecido. De fato, a palavra "revelar" vem da língua latina. Quer dizer: "remover o véu".

É o que acontece numa inauguração solene. Há sempre uma placa comemorativa coberta com um pano. No momento da inauguração, alguém é convidado a retirar aquele pano ou véu que encobria a placa. Até ali havia um "mistério". O público não sabia o que estava escrito naquela placa.

Assim também na revelação bíblica. Deus, que é o grande Mistério, dá-se a conhecer aos homens. Eis como Jesus revelou sua Divindade aos discípulos:

"Saí do Pai e vim ao mundo.
Agora deixo o mundo e volto para o Pai.
Disseram-lhe os discípulos:
Eis que agora falas claramente
e tua linguagem já não é figurada e obscura.
Agora sabemos que conheces todas as coisas
e que não necessitas que ninguém te pergunte.
Por isso, cremos que saíste de Deus" (Jo 16, 28-30).

E quando Deus se revela ao homem, o homem passa a conhecer melhor a si mesmo. A razão é porque o homem foi criado "à imagem e semelhança" de Deus (Gn 1, 26). A nossa existência tem um pouco do Mistério de Deus. Por isso, nenhum homem se conhece bem a si mesmo, a não ser à luz da Palavra de Deus.

Como filósofo, o famoso Santo Agostinho gastou longo tempo de sua existência em busca da sabedoria. Queria descobrir o enigma da vida. Mas tudo em vão. No entanto, tocado pela luz da Palavra de Deus, ele se converteu e exclamou maravilhado:

> *"Graças vos dou, ó meu Criador, por semelhante benefício!*
> *Graças vos dou porque foram as vossas mãos que me fizeram e me fabricaram!*
> *Graças vos dou porque me iluminastes,*
> *e porque, achando-vos, eu me achei.*
> *E lá onde vos conheci e me achei,*
> *aí me achei e me conheci.*
> *E lá onde vos conheci,*
> *aí me iluminastes.*
> *Graças vos dou por vos terdes dignado iluminar-me,*
> *ó minha luz" (Solilóquios, cap. 31, n. 7)*

E Deus não se revela ao homem como indivíduo somente. Pois o homem é um ser social. Deus se revela à comunidade. Ele fez para Si um povo e não apenas indivíduos isolados. Então Deus não revela somente "o homem ao homem", mas revela ao homem a sua história. Fazendo que o homem se conheça a si mesmo, Deus faz também com que tenha conhecimento de Seus desígnios eternos sobre o homem e a humanidade. É o que nos fala o Vaticano II:

> *"Desde o início da história da salvação*
> *Deus escolheu os homens não como indivíduos somente,*
> *mas como membros de uma comunidade.*
> *Revelando o seu plano,*
> *Deus chamou estes eleitos de "Seu Povo".*
> *Além disso, selou com este povo*
> *uma Aliança no Sinai" (G S, 32).*

PERGUNTAS

1 - Que é revelar uma coisa?
2 - Como se dá a revelação bíblica?
3 - Que acontece quando Deus se revela?
4 - Por que Deus, revelando-se, nos revela?
5 - Que disse Santo Agostinho?
6 - Você conhece bem a si mesmo?

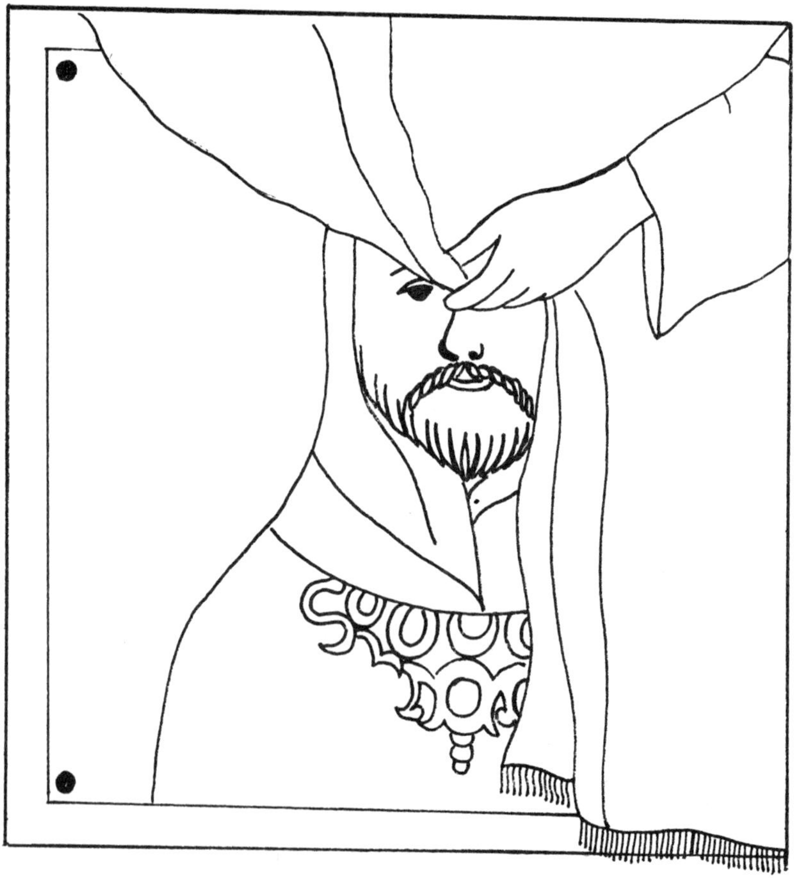

Revelar é tirar o "véu" que encobre alguma coisa, para que se possa ver a realidade que se encontra escondida atrás. Na Bíblia, "revelar" é Deus dar-nos a conhecer os seus Mistérios.

EXISTEM ERROS NA BÍBLIA?

Estamos na era da eletrônica e da computação. Pode acontecer que, confrontando certas palavras da Bíblia com os dados da ciência, venha a surgir alguma contradição. Nesta altura, que dizer? Quem é que estaria errada: a Bíblia ou a Ciência?

Lembramos aqui uma coisa muito importante: antes de apontarmos onde está o erro, devemos ver se estamos entendendo a Bíblia como "Mensagem de Salvação" ou como livro de Ciências. Fique bem claro que a Bíblia não tem a finalidade de ensinar-nos a história dos povos, nem a situação geográfica dos países antigos, nem a Astronomia nem a Matemática.

A Bíblia é um Livro estritamente religioso. Tem a finalidade única e exclusiva de apresentar-nos a Mensagem de Deus, que nos propõe a nossa Salvação. Pode a Bíblia fazer menção de alguns dados da Astronomia, da Geografia, da História e da Matemática. Mas tudo isso entra nela como algo secundário, pois não é disso que ela pretende falar oficialmente. Portanto, mesmo que o hagiógrafo diga alguma imprecisão nesses assuntos secundários, isso não vem afetar o conteúdo fundamental, que é a Palavra de Deus.

Quando dizemos que na Bíblia não há erros, estamos nos referindo à sua doutrina, ou seja: àquilo que diz respeito à fé. É para isto que ela foi escrita. Sabemos que na Bíblia entram dois elementos: o divino e o humano. O elemento divino consiste na inspiração ou na revelação feita pelo Espírito Santo. E o elemento humano está na cultura e no estilo do hagiógrafo, que reveste a Palavra de Deus com a roupagem própria de seu tempo.

Ora, na Bíblia, o importante não é a embalagem, mas o conteúdo que se transmite. Por exemplo: Moisés diz que as águas do dilúvio "cobriram a face da terra' (Gn 7, 24). Mas será que cobriram mesmo todo o nosso planeta? Isso não nos interessa sob o ponto de vista da Salvação. Naquele tempo, os homens nem sabiam da existência desta parte do globo que habitamos hoje. Então, para eles, o "universo" era apenas aquela região habitada por eles.

Isso não afeta aquilo que se chama "inerrância" bíblica

(que é a impossibilidade de haver erros de doutrina na Bíblia). O que o hagiógrafo quis dizer é que Deus puniu o mal em geral. E isto ele disse muito bem, independente se o dilúvio tenha atingido toda a terra ou somente uma parte.

Outro exemplo de "erro" na Bíblia é aquela passagem onde se diz:

"Era o décimo segundo ano
do reinado de Nabucodonosor,
que reinou sobre os assírios em Nínive,
a grande cidade" (Jd 1, 1a).

Se formos olhar cientificamente, existe aí um erro histórico, pois Nabucodonosor era rei da Babilônia e não da Assíria. Mas, biblicamente falando, não existe erro, pois a finalidade da Bíblia não é narrar a história universal e sim falar da história da Salvação.

O que o escritor sagrado quis fazer foi ajuntar o pior dos perseguidores de Israel (Nabucodonosor) ao povo mais inimigo de Israel (Assírios). Por isso deu "Nabucodonosor reinando sobre os assírios em Nínive", que era a capital do império assírio.

Meditemos no Salmo 118 (119), o qual diz que não há erro na Palavra de Deus. Leia Sl 118, 133-142.

PERGUNTAS

1 - Qual o sentido da Bíblia?
2 - A Bíblia fala também de Geografia e História? Como?
3 - No que a Bíblia pode ter erros?
4 - Que é "inerrância bíblica"?
5 - Você crê e segue a lei de Deus?

ERROS "APARENTES"

Vimos que na Bíblia não pode haver erros de doutrina, porque ela é a Palavra de Deus. Ora, Deus não se engana nem nos engana. Vimos também que podem ocorrer erros de ordem secundária. Isto é, da parte do hagiógrafo, que entra com sua cultura e sua redação.

Mas, pensando bem, quase todos esses erros são apenas "aparentes" e não reais. Se entendermos a Bíblia dentro de sua finalidade estritamente religiosa e de seu contexto histórico e cultural, vamos concluir que nela não existem propriamente erros. Nós é que a entendemos erradamente, não sabendo interpretar aquilo que foi escrito em outros tempos.

Temos, por exemplo, o caso de Josué, que fez o sol "parar". Está escrito que Josué disse:

"Sol detém-te sobre Gabaon!
E tu, lua, fica parada sobre o vale de Ajalon!
E o sol se deteve, e a lua não se moveu,
até que o povo se vingou de seus inimigos" (Js 10, 12-13).

Ora, hoje sabemos que o sol não gira em torno da terra. Pelo contrário: a terra é que gira em torno do sol. E daí? Vamos dizer que a Bíblia está errada? De maneira alguma. Não podemos exigir que o escritor sagrado, há dois ou três mil anos, se expressasse com os conceitos científicos que temos hoje. Analisar um fato de uma época com os critérios de outra época é um erro grave que se chama "anacronismo".

De outro lado, sabemos que, no tempo em que Josué escreveu, todos os povos supunham que a terra era fixa e que o sol girava em torno dela. Para os antigos, a terra era o centro do universo. Além disso, é preciso considerar que se trata de um texto poético, que não pode ser tomado ao pé da letra.

Portanto, entendendo a Bíblia como deve ser entendida, vamos concluir que esse erro geográfico é apenas aparente. O que o hagiógrafo quis dizer é que houve uma intervenção de Deus, fazendo com que se prolongasse a claridade do dia. Quanto ao resto, se foi a terra ou se foi o sol que parou, isso é coisa secundária. Aí não entra a "inspiração de Deus", pois Deus aceita a maneira comum de seu povo expressar-se.

Aliás, ainda hoje, mesmo sabendo que o sol é fixo, nós dizemos: "O sol nasce, o sol se levanta, o sol desce, o sol se põe. . ." como se ele estivesse dando a volta sobre a terra. Trata-se, pois, de um modo de falar e não de uma afirmação de caráter científico. Portanto, não é a Palavra de Deus que está errada, mas a interpretação que damos à Bíblia Sagrada.

Diante de certos antropomorfismos que fazem falar homens e animais, Deus e o Diabo, muitas pessoas começam a duvidar daquilo que diz a Bíblia. Já ouvi gente "entendida" dizer que a Bíblia é uma porção de fábulas. Isso é que está errado. Precisamos saber distinguir as coisas. Há na Bíblia o que se chama recurso literário, com suas figuras e parábolas. Mas existe atrás de tudo e acima de tudo a Palavra de Deus, bem distinta de qualquer artifício literário ou embalagem humana. Não podemos confundir as coisas.

Por exemplo, o Livro de Jó é uma parábola. Aquela pessoa chamada Jó não existiu na realidade. É uma ficção. Nele o hagiógrafo põe Deus falando com o diabo, como nós conversamos. Mas atrás desse estilo e dessa figura da literatura, existe uma grande mensagem de Deus, uma verdade eterna e maravilhosa que merece nossa fé.

Leiamos agora o começo do Livro de Jó, onde Deus "conversa" com o Diabo: Jó 1, 6-11.

PERGUNTAS

1 - Que é erro aparente?
2 - Dê um exemplo de erro aparente.
3 - Que é anacronismo?
4 - Que conceito tinham os antigos sobre nosso Planeta?
5 - Você duvida das palavras da Bíblia? De quê?

A PARTE DE DEUS E A PARTE DO HOMEM

Vimos que, na Bíblia, Deus é o Autor Principal e o hagiógrafo é o autor secundário. Deus entra com a inspiração e assim fica "responsável" pelo que foi escrito. O homem entra com a sua colaboração: estudo, experiência, cultura, estilo e redação do texto.

Vê-se que o hagiógrafo não é totalmente passivo. Não é um robô. Não se limita ao papel de simples datilógrafo. Deus o trata como pessoa. Respeita e valoriza suas qualidades. Deus vale-se também da inteligência e da sabedoria do homem. Das suas características pessoais e da linguagem de seu tempo.

Vamos dar um exemplo para mostrar até onde vai a parte de Deus e onde começa a parte do homem, na inspiração para escrever a Bíblia Sagrada. Faz de conta que estamos numa sala de aula. O professor conta uma história e pede para os alunos transmitirem essa história a seus pais. No fim do dia, todos os pais recebem a mesma notícia, mas de maneiras diferentes. Um aluno escreveu a lápis, outro a tinta, outro fez um desenho que simbolizava o acontecido, outro escreveu em versos com rima. Alguém escreveu duas páginas, outro resumiu em poucas linhas. O importante é que o mesmo recado tenha sido dado a todos os pais.

Mais ou menos assim aconteceu ao se escreverem os Livros da Bíblia. Cada hagiógrafo deu à Palavra de Deus as suas características pessoais, o seu estilo, o seu grau de cultura e a mentalidade da época em que viveu.

Por exemplo, os evangelistas São Mateus, São Marcos e São Lucas escrevem que, depois de crucificarem Jesus, os soldados dividiram entre si as vestes do Senhor "lançando sorte sobre elas". (Mt 27, 35; Mc 15, 24; Lc 23, 34). Ao passo que São João narra o mesmo fato, fazendo uma distinção. Ele diz que algumas peças foram divididas e somente a túnica foi sorteada. Eis como João escreve:

"Os soldados, depois de terem crucificado Jesus,
tomaram as suas vestes,
fizeram delas quatro partes, uma para cada soldado.
A túnica, porém, era sem costura,
tecida toda inteira de alto a baixo.
Então disseram entre si:
Não a rasguemos, mas vamos tirar a sorte
para ver a quem tocará" (Jo 19, 23-24).

Os quatro evangelistas escreveram o mesmo fato, inspirados pelo mesmo Espírito Santo. Mas João, que foi testemunha ocular do acontecimento, acrescentou ao texto uma observação. Como se vê, sem que haja contradição entre eles, Deus deixa ao hagiógrafo certa margem de liberdade para que enriqueça a narrativa com sua experiência e sabedoria.

João escreve aquilo que "viu e ouviu" com os próprios olhos, aquilo que "tocou" com as suas mãos, como ele mesmo diz em sua Primeira Carta (cf. 1 Jo 1, 1-3). Ao passo que Lucas, por exemplo, escreve, não como testemunha, mas depois de ter pesquisado cientificamente, à maneira de um historiador. É ele mesmo quem o diz no início de seu Evangelho (cf. Lc 1, 1-3).

A fonte de onde se tira a matéria, bem como o estilo do hagiógrafo, são coisas secundárias. Deus deixa essa liberdade por conta do homem que escreve. O importante é que, seja como testemunha ou como pesquisador, na hora de o homem escrever, Deus o inspira para que escreva aquilo que Deus quer dizer. Então a responsabilidade passa a ser de Deus, pois Ele se faz o autor principal daquele texto sagrado. Por isso é que não pode haver erros na Bíblia.

PERGUNTAS

1 - Quem é responsável pelo que está na Bíblia?
2 - Com que entra o hagiógrafo?
3 - Deus dá liberdade ao hagiógrafo?
4 - Qual a diferença entre João e Lucas?
5 - Você crê que na Bíblia é Deus quem fala através do homem?

QUEM PODE INTERPRETAR A BÍBLIA?

Dissemos que os "erros" que aparecem na Bíblia não são propriamente erros da Palavra de Deus, mas interpretação errada que damos à Bíblia Sagrada. Por isso, vamos estudar agora uma coisa muito importante: a interpretação da Sagrada Escritura.

Antes de tudo, que é "interpretar"? A arte da interpretação é muito antiga. Em tempos idos, os reis tinham sempre em suas cortes pessoas dotadas do dom de interpretar. Especialmente em se falando de sonhos. É conhecido na Bíblia o caso de José, que interpretou o sonho do faraó (Gn 41, 1-36).

Que é "interpretar" um texto da Bíblia? É dizer qual o verdadeiro sentido daquele texto. E quem nos dará o verdadeiro sentido da Palavra de Deus? Quem tem autoridade para interpretar uma palavra ou uma passagem qualquer da Bíblia? Eis uma questão de suma importância.

Sem dúvida, para se dar o significado de um texto escrito há milhares de anos, seria preciso colocar-se dentro daquela época, estudar os costumes, a língua, a mentalidade e a religião daquele povo. É o que fazem os estudiosos da Bíblia. Passam a vida toda pesquisando, estudando, comparando texto com texto, para depois chegar a alguma conclusão.

Mas só isso não basta. A sabedoria humana pode errar. As Ciências têm suas limitações. Para dizer a verdade, quem poderia proferir uma palavra certa sobre tudo o que está escrito na Bíblia Sagrada é Jesus Cristo, pois Ele veio para que se realizasse tudo o que estava escrito sobre a nossa Salvação. Tanto é que, na medida em que Ele pregava ou fazia milagres, ia mostrando como naquilo estavam-se cumprindo as Escrituras.

Ele sim era o Mestre dos mestres. Os discípulos faziam qualquer pergunta sobre a Palavra de Deus e Ele respondia com sabedoria e autoridade. Certa vez Jesus entrou numa sinagoga, em Nazaré, leu um trecho do profeta Isaías, e deu a devida interpretação àquele texto. Disse que Nele estava se realizando o que tinha sido predito pelo profeta. Assim falou Jesus aos ouvintes:

"Hoje se cumpriu esta profecia que acabais de ouvir" (Lc 4, 21).

Mas aquele Jesus que andava pelas estradas da Palestina ressuscitou e subiu ao céu. Não está mais no meio de nós para tirar-nos as nossas dúvidas. De fato, aquele Cristo histórico não está mais neste mundo. Mas está alguém que andou com Ele. Alguém que ouviu as suas pregações e as escreveu. Alguém que lhe fez perguntas e ouviu as respostas. Alguém a quem o próprio Cristo confiou a sua missão divina de ensinar em seu nome e com autoridade. Esse alguém é a Igreja Católica. Disso vamos falar mais adiante.

Vamos agora, para encerrar, ver um exemplo onde aparece a Igreja dando uma autêntica interpretação da Palavra de Deus, por meio de um representante seu: o Diácono Filipe.

"Um anjo do Senhor dirigiu-se a Filipe e disse:
Levanta-te e vai para o sul,
em direção do caminho que desce de Jerusalém
para Gaza, a deserta.
Filipe levantou-se e partiu.
Ora, um etíope, eunuco, ministro da rainha Candace,
da Etiópia, e superintendente de todos
os seus tesouros,
tinha ido a Jerusalém para adorar.
Voltava sentado em seu carro,
lendo o profeta Isaías.
O Espírito disse a Filipe:
Aproxima-te para bem perto deste carro.
Filipe aproximou-se e ouviu
que o eunuco lia o profeta Isaías.
E perguntou-lhe:
Porventura entendes o que estás lendo?
O ministro respondeu-lhe:
como é que posso entender,
se não há alguém que me explique?
E pediu a Filipe que subisse
e se sentasse junto dele.
A passagem da Escritura que estava lendo era esta:
Como ovelha foi levado ao matadouro,
e como cordeiro mudo diante do que o tosquia,

ele não abriu a sua boca.
Na sua humilhação foi consumado o seu julgamento.
Quem poderá contar a sua descendência?
Pois a sua vida foi tirada da terra.
O eunuco disse a Filipe:
Rogo-te que me digas de quem disse isto o profeta:
de si mesmo ou de outrem?" (At 8, 26-34).

Então Filipe explicou que se referia a Jesus Cristo. O ministro acreditou e pediu para ser batizado. E de fato Filipe o batizou ali mesmo, numa fonte à beira do caminho.

PERGUNTAS

1 - Que significa "interpretar" a Bíblia?
2 - Basta ser estudado para saber interpretar a Bíblia?
3 - Quem pode interpretar a Bíblia?
4 - Hoje, quem tem autoridade, em lugar de Jesus, para interpretar a Bíblia?
5 - Dê um exemplo de interpretação que se encontra na Bíblia.
6 - Você crê que a Igreja não erra quando interpreta a Palavra de Deus?

A BÍBLIA E A IGREJA

Certa vez um clube de futebol estava para comemorar os seus 50 anos de existência. A Diretoria pensou em programar uma grande festa. Todos gostaram da idéia. Mas aí surgiu uma questão: qual a história do clube? Era preciso dar entrevista aos jornais e às emissoras de rádio. E ninguém sabia dizer como havia começado aquela entidade esportiva. As atas tinham sido queimadas num incêndio ocorrido trinta anos atrás. Não restava nenhum documento para contar a história do clube. Como fazer então?

Eis que um dos presentes teve uma idéia: "Vamos ver se encontramos alguma pessoa daquele tempo. Deve existir por aí alguns dos sócios fundadores. Eles saberão recompor a história do clube.

E assim fizeram. Por sorte, ainda viviam três sócios fundadores, já velhinhos, mas com memória lúcida. Eles souberam dizer os nomes de todos os fundadores, a data exata, a finalidade da agremiação, os nomes dos primeiros jogadores, e outros dados curiosos daquele famoso clube de futebol.

De fato, ninguém mais do que aqueles que participaram da fundação de uma entidade saberá contar a sua origem. A palavra de uma testemunha ocular vale mais do que mil palpites daqueles que não presenciaram o fato.

Assim acontece com a Bíblia e a Igreja. A palavra da Igreja tem autoridade, porque ela presenciou todos os fatos da vida de Jesus: suas pregações, seus milagres, sua morte, sua ressurreição e sua ascensão ao céu. A Igreja e a Bíblia se completam. A Palavra de Deus é mais ampla que a Escritura Sagrada. A palavra de Deus inclui o elemento escrito, que é a Bíblia, e a palavra falada, que é a Igreja. O próprio Evangelho reconhece isso, quando nos fala através do evangelista São João:

"Este é o discípulo que dá testemunho destas coisas,
e foi quem as escreveu.
E sabemos que o seu testemunho é digno de fé.
Jesus fez ainda muitas outras coisas.
Se fossem escritas uma por uma,

penso que nem no mundo inteiro caberiam os livros que deveriam ser escritos" (Jo 21, 24-24).

Reduzir todo o ensinamento divino às páginas de um Livro, seria minimizar a Palavra de Deus. Por isso, diz o Concílio Vaticano II:

"A Sagrada Tradição e a Sagrada Escritura constituem
um só sagrado depósito da Palavra de Deus
confiado à Igreja (DV, 10).

Quando a Igreja escreveu os Evangelhos, ela não fez o simples papel de cronista, que apenas narra fatos e palavras. A Igreja escreveu a Palavra de Deus, depois de ter feito a experiência de viver essa Palavra, no meio de perseguições e provações, à semelhança do Mestre.

A Palavra de Deus é uma Palavra "viva", que nasceu quente, da vivência de uma comunidade. Escrevendo aos Coríntios, São Paulo fala:

"Vós mesmos sois a nossa carta,
escrita em nossos corações.
Conhecida e lida por todos os homens.
Não há dúvida que vós sois uma carta de Cristo,
redigida por nosso ministério,
e escrita, não com tinta,
Mas com o Espírito de Deus vivo,
não em tábuas de pedra, mas em tábuas de carne,
isto é, em vossos corações.
Deus nos fez aptos para ser ministros da nova Aliança,
não a da letra, e sim a do Espírito.
Porque a letra mata,
mas o Espírito comunica a vida" (2 Cor 3, 2-3.6).

O Evangelho primeiro foi vivido e só depois é que foi escrito. E antes de ser escrito, Jesus exigiu que já merecesse fé. O caso de Tomé nos mostra que a Igreja, oficialmente representada pelos Apóstolos, já era merecedora de crédito, por vontade expressa de Jesus. Isto significa que a Igreja é também a Palavra de Deus. Tomé não tinha duvidado da palavra de Jesus, mas da palavra da Igreja. No entanto, Jesus o repreendeu, dizendo-lhe:

"Tomé, não sejas incrédulo,
mas homem de fé" (Jo 20, 27)

PERGUNTAS

1 - A que comparamos a palavra da Igreja sobre a Bíblia?
2 - Como se relacionam a Igreja e a Bíblia?
3 - Bíblia e Palavra de Deus são a mesma coisa?
4 - Que disse São João sobre isso?
5 - Ao escrever o Novo Testamento, a Igreja foi mera cronista? Como ela fez?
6 - Você está fazendo a sua experiência pessoal de viver a Palavra de Deus?
7 - O que significa a palavra da Igreja para você?

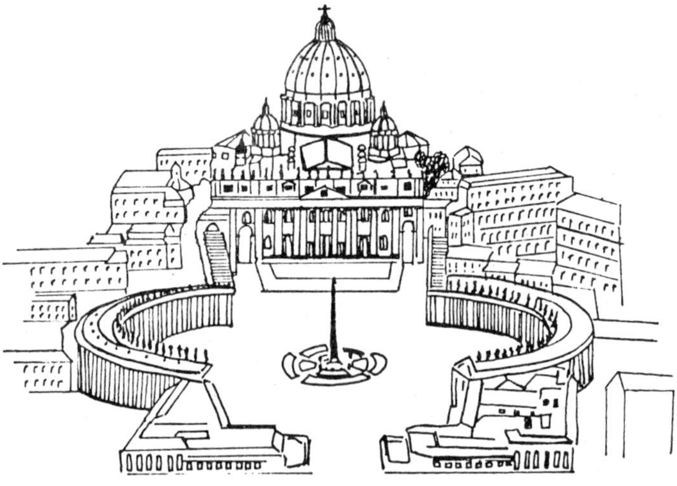

O Padre Bonilha disse que a Bíblia é como um álbum de família. Cada um foi colocando ali uma fotografia, até encher o álbum. Por isso, somente aquela família sabe explicar de quem são as fotos e por que estão ali. Essa família é a Igreja, que tem como chefe o Papa.

A BÍBLIA E O MAGISTÉRIO

Dissemos que a Palavra de Deus é transmitida não só pela Bíblia, que é a palavra escrita, mas também pela Igreja, que é a palavra falada. A esse ensinamento que vem através da Igreja, desde os tempos dos Apóstolos, nós chamamos "Tradição". E a voz oficial da Tradição nós chamamos "Magistério". O Magistério é a Igreja ensinando como Mestra, quando fala das coisas da fé em nome de Jesus Cristo. O Magistério não é a voz de um teólogo nem de um estudioso em Bíblia, por mais que estas pessoas entendam do assunto. O Magistério é a voz oficial da Igreja: O Papa e os Bispos em comunhão com o Papa.

É ao Magistério que compete o ofício de interpretar a Palavra de Deus, como nos fala o Vaticano II:

"O ofício de interpretar autenticamente a Palavra de Deus,
escrita ou transmitida,
foi confiado unicamente ao Magistério vivo da Igreja
cuja autoridade se exerce em nome de Jesus Cristo"
(DV, 10).

Todas as ciências modernas podem oferecer valiosa contribuição para maior aprofundamento no estudo da Palavra de Deus. Todos os homens, de todos os credos, podem dar a sua preciosa colaboração na busca do verdadeiro sentido da Bíblia Sagrada. Mas uma coisa permanece sempre fora de dúvida: a última palavra sobre o que Jesus disse cabe à Igreja Católica, porque quem escreveu um texto é que tem mais condições para dizer qual o sentido daquilo que escreveu. É ainda o Vaticano II que nos fala:

"Todas as coisas que dizem respeito
à maneira de interpretar a Escritura
estão sujeitas em última instância
ao juízo da Igreja,
que exerce o divino mandato e magistério
de guardar e interpretar a Palavra de Deus" (DV, 12)

Realmente, é assim que fazemos com a interpretação de outras coisas da vida. Quando paira alguma dúvida sobre uma carta que recebemos, procuramos quem nos escreveu para que nos explique o significado daquela carta. Quando não entendemos a letra da receita que o médico nos deu, voltamos a ele para que esclareça a nossa dúvida.

Eis por que a interpretação da Bíblia não pode ficar por conta de cada pessoa. Vale aqui aquele ditado: "Quantas cabeças, tantas sentenças". Ora, a verdade de Deus não pode estar entregue a interpretações de particulares, que representam as opiniões de cada um. Ela deixaria de ser a verdade absoluta de Deus-Uno para diluir-se num sem-fim de palpites contraditórios dos homens.

Baseado em Santo Irineu e na Primeira Carta de João (3,2), diz ainda o Concílio:

"Para que o Evangelho se conservasse
sempre inalterado e vivo na Igreja,
os Apóstolos deixaram como sucessores os Bispos,
a eles transmitindo o seu próprio encargo de Magistério.
Portanto, esta Sagrada Tradição
e esta Sagrada Escritura de ambos os Testamentos,
são como o espelho
em que a Igreja peregrinante na terra contempla a Deus,
de quem tudo recebe,
até que chegue a vê-lo face a face, como Ele é" (DV, 7)

Quando, através de seu Magistério, a Igreja interpreta e ensina a Palavra de Deus, ela está desempenhando a missão que recebeu de Jesus através dos Apóstolos, os quais "ouviram e viram o Mestre com os próprios olhos" e "tocaram com as próprias mãos a Vida Eterna" (Cf. 1 Jo 1, 1-3). Por isso afirma o Concílio:

"Fica, portanto, bem claro que,
segundo o sapientíssimo plano divino,
a Sagrada Tradição, a Sagrada Escritura
e o Magistério da Igreja
estão de tal maneira entrelaçados e unidos entre si

que um não tem consistência sem os outros,
e que juntos, cada qual a seu modo,
sob a ação do mesmo Espírito Santo,
contribuem eficazmente para a salvação das almas"

(DV, 10)

PERGUNTAS

1 - Que você entende por Tradição?
2 - Que é Magistério da Igreja?
3 - Como se relacionam as Ciências com a interpretação da Bíblia?
4 - Que disse o Vaticano II sobre a Bíblia e o Magistério?
5 - Por que a interpretação da Bíblia não pode ficar por conta de particulares?
6 - Você aceita o Magistério da Igreja? Por quê?

JESUS QUIS ASSIM

Dissemos que a Igreja tem a última palavra sobre a interpretação da Bíblia Sagrada, porque ela conviveu com Jesus, vendo e ouvindo o Mestre de viva voz. É verdade. Mas não é só por isto. A Igreja tem esse direito de interpretar a Palavra de Deus por vontade expressa de Jesus Cristo. Jesus deu-lhe tal poder pessoalmente. Ela exerce esse ofício como missão que lhe foi confiada pelo Senhor.

Começa por isto: Jesus confiou à Igreja a missão de pregar o Evangelho com aquela mesma autoridade que Ele recebeu do Pai. E prometeu estar sempre com sua Igreja. Ele disse aos Apóstolos:

"Todo o poder me foi dado no céu e na terra.
Ide, pois, ensinai a todos os povos.
Batizai-os em nome do Pai,
e do Filho e do Espírito Santo.
Ensinai-os a observar todos os meus preceitos.
Eis que estou convosco todos os dias
até o fim do mundo" (Mt 28, 18-20).

Para percebermos melhor até onde vai a autoridade da Igreja na interpretação da Palavra de Deus, basta lembrarmos o que Jesus disse aos Apóstolos:

"Em verdade vos digo:
tudo o que ligardes sobre a terra será ligado no céu.
E tudo o que desligardes na terra
será desligado também no céu" (Mt 18,18)

Esse poder que Jesus deu coletivamente ao grupo dos Apóstolos, Ele o deu em especial a Pedro, de maneira mais pessoal, como chefe dos doze, em Cesaréia de Felipe, quando lhe disse:

"Eu te declaro:
Tu és Pedro,
e sobre esta pedra edificarei a minha Igreja.
E o poder do inferno não prevalecerá contra ela.
Eu te darei as chaves do reino dos céus:
Tudo o que ligares na terra
será ligado também nos céus,
e tudo o que desligares na terra
será desligado também nos céus" (Mt 16, 18-19).

Na própria Bíblia está escrito que a sua interpretação não pode ser feita a gosto de cada um. Precisamente porque não foi escrita por idéias de homens, mas por inspiração divina. Assim está escrito:

"Antes de mais nada, ficai sabendo uma coisa:
nenhuma profecia da Escritura é de interpretação particular.
Porque a profecia não veio por vontade humana,
mas homens inspirados pelo Espírito Santo
falaram em nome de Deus" (2 Pd 1, 20-21).

PERGUNTAS

1 - Por que a Igreja sabe interpretar a Bíblia?
2 - Que poder Jesus deu à Igreja?
3 - Que disse Jesus aos Apóstolos?
4 - Que disse Jesus a Pedro?
5 - Por que a interpretação da Bíblia não pode ficar por conta de particulares?
6 - Você aceita que a Igreja fale em nome de Jesus? Por quê?

Houve um tempo em que ainda não existia o Novo Testamento e já existia a Igreja. O Evangelho ainda não havia sido escrito. Era somente pregado de viva voz pela Igreja. E é dessa Palavra pregada que saiu a Palavra escrita. Portanto, se alguém disser que a Palavra falada não merece crédito, está pondo em descrédito também a Palavra escrita.

E assim como a Igreja recebeu de Deus o poder de pregar o Evangelho, ela recebeu também o poder de interpretar a Bíblia, pois foi ela mesma que escreveu todo o Novo Testamento.

Por isso, não podemos crer na Igreja menos do que cremos no Evangelho. Nem podemos desprezar a Igreja para ficar somente com Jesus Cristo, pois a Igreja é a "plenitude de Jesus Cristo" (Cf. Ef 1, 23).

A PALAVRA DE DEUS, FONTE DE ÁGUA VIVA

Inspirando-nos num comentário de Santo Efrém, nós diríamos que a Palavra de Deus é como uma fonte inesgotável de graças. Quando olhamos para um monte, nunca o vemos todo de uma vez. E se formos dando a volta ao seu redor, nós o vamos vendo por partes, cada vez sob um ângulo diferente.

Assim é a Palavra de Deus. Ela é rica demais. Um tesouro de valor infinito. Uma fonte de água viva, que sacia a todos os que passam, sem nunca esgotar-se. Santo Efrém pergunta:

"Que inteligência poderá penetrar
uma só de vossas palavras, Senhor?
Como sedentos a beber de uma fonte,
ali deixamos sempre mais do que aproveitamos.
Portanto, se alguém receber uma parcela desse tesouro,
não pense ser só este o conteúdo dessa Palavra,
mas saiba que encontrou apenas uma parte
do muito nela contido.
E, se só esta parcela esteve ao seu alcance,
não diga que seja pobre e estéril a Palavra de Deus,
nem venha, por isso, a desprezá-la.
Ao contrário, por não poder abraçá-la totalmente,
dê graças por sua riqueza infinita.
Alegra-te por seres vencido,
não te entristeças por ela te ultrapassar.
O sedento enche-se de gozo ao beber,
e não se aborrece por não poder esgotar a fonte.
Vença a fonte a tua sede,
e não vença a tua sede a fonte,
porque, se a tua sede se sacia
sem que a fonte se esgote,
quando, de novo, estiveres com sede,
dela poderás beber.
Se, porém, saciada tua sede, também se secasse a fonte,
tua vitória redundaria em mal.
Dá graças pelo que recebeste;

pelo que ainda sobrou não te entristeças.
Aquilo que recebeste é tua partilha;
o que sobrou é tua herança.
Não te esforces por beber em um só trago
aquilo que não pode ser tomado de uma só vez,
nem desistas de tomá-lo aos poucos".

Lembro-me de uma comparação que certa vez ouvi de um amigo. Ele dizia:

"A gente precisa ir lendo a Palavra de Deus
pouco a pouco, mas sempre,
com aquela humildade e perseverança
com que os pintainhos, gota a gota,
bebem água no riacho"

Jesus, que é a Palavra de Deus encarnada, apresentou-se ele mesmo como uma fonte.

"No último dia da festa,
que é o mais solene,
Jesus, de pé, disse em alta voz:
Quem tiver sede venha a mim e beba.
Quem crê em mim, diz a Escritura:
do seu interior correrão rios de água viva" (João 7, 37-38)

Disse também o Senhor:

"Eis que renovo todas as coisas.
Disse ainda: escreve,
porque estas palavras são fiéis e verdadeiras.
E novamente me disse: Pronto!
eu sou o alfa e o ômega,
o começo e o fim.
A quem tem sede, darei gratuitamente a beber
da fonte da água viva" (Ap 21, 5-6)

Leiamos a Bíblia Sagrada. Ela fala a linguagem do Espírito.

É alegria para o coração. No momento em que a lemos, estamos em comunhão com Deus e recebemos Dele a sua Graça. É uma Palavra que comunica a Vida, porque se identifica com o próprio Deus. Jesus em Pessoa é o "Verbo de Deus", ou seja: a Palavra do Pai.

PERGUNTAS

1 - A que comparamos a Palavra de Deus?
2 - De que frase de santo Efrém você mais gostou?
3 - Como a gente precisa ler a Bíblia?
4 - Com quem se identifica a Palavra de Deus?
5 - A que se comparou Jesus?
6 - Você já recebeu alguma Graça ao ler a Bíblia Sagrada?

FORÇA E FRAQUEZA DA PALAVRA DE DEUS

Está escrito na própria Bíblia que a Palavra de Deus é "viva e eficaz, mais penetrante que uma espada de dois gumes" (Hb 4, 12). É verdade. Mas apesar disso, podemos matar a sua vida e a sua força. É o que acontece quando buscamos na Bíblia a sabedoria humana. A Escritura Sagrada não é um feixe de verdades para ampliar nosso conhecimento geral. Nem é um código de leis, para interpretarmos segundo o nosso ponto de vista.

Às vezes somos tentados a buscar, na Bíblia, argumentos que defendam as nossas idéias e os nossos interesses, como se Deus pudesse endossar até nossos erros. Isso é um pecado contra o Espírito Santo.

Precisamos ler a Palavra de Deus "desarmados". Lembro-me aqui de um fato que presenciei certa vez num sítio. Fui participar de uma reza de São João numa casa muito pobre e simples, no meio de um campo à margem do rio Tietê. Na hora de começar a reza, eu ia ler um trecho do Evangelho. Então o chefe daquela casa me disse baixinho: "Seu vigário, espera um pouco. Eu vou me desarmar". Fiquei observando discretamente e vi que o tal do homem, simples e analfabeto, foi ao seu quarto, tirou um revólver que trazia na cinta, e colocou sobre o guarda-roupa.

Ao lermos a Bíblia, precisamos estar também "desarmados". Não de faca ou revólver, mas desarmados de preconceitos e de segundas intenções. Devemos ler a Bíblia para encontrar nela, não o que desejamos ouvir, mas o que Deus quer nos falar. Ler de coração aberto. Numa atitude de "escuta" e acolhimento. O importante não é perguntarmos "quem Deus é", mas o que Ele quer de nós.

Então sim, sua Palavra é "viva e poderosa". Capaz de alimentar e transformar a nossa vida. O profeta Jeremias disse que, quando encontrou as palavras de Deus, ele as "devorou". E elas se tornaram o "alimento de seu espírito e a alegria de seu coração" (Cf. Jr 15, 16).

Na Bíblia nós buscamos a Verdade que é Vida, e a Vida que é Amor. São João, o discípulo que melhor conheceu Jesus, disse:

"Quem não ama, não conhece a Deus,
porque Deus é amor" (1 Jo 4, 8)

Jesus falou aos discípulos:

"As palavras que vos tenho dito
são espírito e vida" (Jo 6, 63)

Só conhecer a Palavra de Deus, sem vivê-la, é apenas tomar conhecimento, antecipadamente, das verdades que nos condenarão. Jesus mesmo disse:

"Quem me despreza
e não recebe as minhas palavras
tem quem o julgue:
a palavra que anunciei irá julgá-lo
no último dia" (Jo 12, 48)

Basta lembrar que o diabo sabia de cor a Bíblia. E até usou dela para tentar a Jesus (Cf. Mt 4, 5-7).

Nossa salvação não consiste nem mesmo em crer nas "palavras" que Jesus disse, mas sobretudo em crer "em Jesus", que proferiu tais palavras. E crer em Jesus significa aderir a Ele. Comprometer-se com Ele. Seguir o seu exemplo. Ser o sinal de sua presença e de seu amor. Falando da vida eterna, escreve-nos o mesmo São João:

"Quem possui o Filho de Deus tem a vida;
quem não possui o Filho de Deus
não tem a vida" (1 Jo 5, 12)

PERGUNTAS

1 - Quais as qualidades da Palavra de Deus?
2 - Como podemos "matar" a Palavra de Deus?
3 - De que maneira devemos ler a Bíblia?
4 - Que acontece a quem conhece e não vive a Palavra de Deus?
5 - No que consiste a nossa Salvação?
6 - Você conhece e "vive" a Palavra de Deus?

COMO DEVE SER A BÍBLIA?

Certa vez um menino pediu a seu pai uma bicicleta. O pai gostava muito do filho. Por isso caprichou no presente. Comprou a bicicleta mais linda que viu na loja. Tinha pedal de prata e assento bordado a ouro.

Assim que a tal bicicleta chegou, o menino pulou de alegria. Era uma bela tarde de sol, e ele queria dar umas voltas antes de escurecer. Desejava mostrar aos amigos o rico presente, a fim de que também estes partilhassem da sua alegria.

Mas, que decepção! Assim que acabou de desencaixotar a bicicleta de ouro e de prata, o pai do menino lhe disse: "Meu filho, aí está o seu presente. A melhor bicicleta que pude encontrar. Muito cuidado! Vamos conservá-la tal qual ela está. Sem um arranhãozinho. É bom guardá-la em lugar de honra, na sala nobre de nossa casa.

Por isso, vamos embrulhá-la de novo nesse mesmo plástico. Não poderá sair desta sala. Ninguém vai pôr a mão nela, para não manchar a pintura. Você viu que se trata de uma pintura artística. Pode chamar seus coleguinhas e mostrá-la a todos. Mas nela ninguém vai andar. Entendido? Quero que, daqui a vinte anos, essa bicicleta esteja tão bonita tal qual se encontra agora.

Mais ou menos isso acontece com as tais Bíblias "de luxo". São verdadeiras obras de arte. Impressas em papel cuchê e guardadas em estojo de couro. Suas páginas trazem ilustrações de pintores famosos, artisticamente coloridas.

Por isso, são caríssimas. Custam um dinheirão. São até vendidas a prestação. Em geral nunca são folheadas, para evitar que se estraguem. Muitas delas, depois de dois ou três anos, ainda têm as páginas coladas no corte dourado. São um tesouro muito bem guardado. Dão "status". Fazem parte de uma biblioteca "chic".

Meus caros amigos, minha intenção não é criticar a compra de uma boa e bela Bíblia. A palavra de Deus merece o melhor lugar de nossa casa e o máximo de nosso respeito. Fora de dúvidas. Mas certamente já entenderam o que pretendo dizer. Bíblia não é peça decorativa. Nem documento para ser arquivado. Bíblia é "instrumento de trabalho". É como garfo e colher. Usa-se todos os dias. Não é para ficar "guardada". Por isso deve ser simples, para ser folheada, lida, meditada. É o livro da Vida. Livro de oração. Pão de cada dia, para o homem que tem sede de ser feliz. Jesus mesmo disse:

"Não só de pão vive o homem,
mas de toda a palavra
que sai da boca de Deus" (Mt 4, 4).

O profeta Jeremias fez essa experiência e disse:

"Quando encontrei as tuas palavras, Senhor,
eu as devorei.
E elas se tornaram o meu contentamento
e a alegria de meu coração" (Jr 15, 16).

A Palavra de Deus é como a luz que nasce cada manhã e ilumina o nosso caminho. Está escrito:

"Tua palavra, Senhor,
é farol para meus pés
e luz para meu caminho" (Sl 118 (119), 105).

A Palavra de Deus é garantia de vida eterna. Cristo disse em forma de juramento:

"Em verdade, em verdade vos digo:
quem ouve a minha palavra
e crê naquele que em enviou,
tem a vida eterna
e não incorre na condenação,
mas passou da morte para a vida" (Jo 5, 24).
"Em verdade, em verdade vos digo:
quem guarda a minha palavra
não verá a morte jamais" (Jo 8, 51).

Leiamos a Bíblia. Bíblia que não se lê, não adianta ter. É como remédio que não se toma. Alimento que não se come. Lâmpada que não se acende. Beleza que não se vê. Roupa que não se veste. Verdade que se ignora. Vida que não se vive. Tesouro que se joga fora.

PERGUNTAS

1 - A que comparamos uma Bíblia de luxo?
2 - Por que não convém uma Bíblia de luxo?
3 - O que a Bíblia não deve ser?
4 - Que representa a Palavra de Deus para o cristão?
5 - A que se compara uma Bíblia que não se lê?
6 - Você lê diariamente a Palavra de Deus? Que acha?

LEIAMOS A BÍBLIA

Muita gente gosta de ter um "hobby", isto é, um passatempo de sua preferência. Às vezes é uma espécie de capricho que se torna verdadeira mania. Há, por exemplo, quem gosta de criar passarinhos. Outros preferem colecionar selos. Outros, chaveiros. Outros, moedas. Conheci um rapaz que fez um álbum com frases tiradas de pára-choques de caminhões.

Respeitamos todos esses caprichos. Gosto não se discute. Mas que tal se a gente se pusesse a conhecer melhor a Bíblia Sagrada? Que maravilha se as crianças começassem a fazer um álbum com as mais belas frases pronunciadas por Jesus! Como seria diferente o mundo se, desde a juventude, os homens aprendessem as verdades fundamentais da vida!

O mal de hoje é que as crianças aprendem a mexer nos botões do televisor e da "metralhadora" antes de aprenderem a manusear os capítulos e versículos do Evangelho. Os jovens aprendem a dirigir motos e carros, antes de saberem qual o sentido da vida. Os legisladores redigem os códigos do comportamento humano, sem conhecerem o Decálogo ditado por Deus.

Por isso a sociedade está virando uma fábrida de neuróticos e de bandidos. Os modelos apresentados são os heróis do sexo, da exploração, da violência e do crime. Ao passo que o Herói do amor, do perdão e da paz nem sequer é conhecido. A televisão cria a ilusão de um falso "super-homem", e não apresenta o verdadeiro "Super-Homem", Jesus de Nazaré, o vencedor da morte.

Ora, ninguém ama o que não conhece. O grande Santo Agostinho desperdiçou a sua juventude atrás de falsas aventuras. Aos 33 anos, porém, ele se converteu. Então, maravilhado com a figura de Jesus, exclamou:

"Raiou sobre mim o vosso esplendor, ó Luz do mundo!
Eu vos vi, e vendo-vos, eu vos amei.
E só vos pode amar quem vos vê,
assim como só vos pode ver quem vos ama.
Tarde vos amei, Beleza tão antiga e tão nova!
Tarde vos amei!" (Solilóquios, cap. 31, n. 13)

Sou de uma geração que nasceu há meio século. Ao acordar para a vida, a gente via, nas paredes do quarto, o retrato da Sagrada Família. Hoje o cenário é outro. Muita gente, ao nascer, tem a triste impressão de haver desembarcado em estação errada: porque ali ninguém a espera. E o seu sono é carregado de pesadelos, porque, durante o dia, viu e ouviu coisas horríveis, que assustaram a paz que trouxe, em botão, na inocência de seu coração de criança.

Estamos recebendo, diariamente, notícias tremendamente negativas: ódio, violências, mentiras e estímulos para o mal. Por isso hoje, mais do que em outros tempos, temos necessidade de ouvir uma palavra de verdade, de amor, de perdão e de paz. A Bíblia Sagrada nos traz essa mensagem de amor e de paz. Mais do que preencher as horas vagas, o Evangelho deve ocupar o centro de nossa vida. Precisamos dos exemplos positivos de Jesus, de Maria e dos santos, que semearam o bem. Temos necessidade de nos apoiar naquele único Super-Homem que, por seu próprio poder, saiu vivo da sepultura: Jesus de Nazaré, que nos disse:

"No mundo haveis de ter aflições.
Mas, coragem! Eu venci o mundo" (Jo 16, 33).
"Eu sou a luz do mundo.
Quem me segue não andará nas trevas,
mas terá a luz da vida" (Jo 8, 12).
"Eu sou o caminho, a verdade e a vida.
Ninguém vai ao Pai senão por mim" (Jo 14, 6).

PERGUNTAS

1 - Quais as coisas que você aprendeu primeiro na vida?
2 - Hoje, que as crianças aprendem primeiro?
3 - Como está nossa sociedade?
4 - Que disse Santo Agostinho?
5 - Que disse Jesus?
6 - Qual o seu passatempo preferido?
7 - Você está contente com sua vida?